나이 오십에 청소노동자

차례

어느 날 홀연히, 청소

집 청소 한다고 누가 돈을 주나? 10
강남 사모님이 호텔 룸메이드가 되다

어느 날 홀연히, 꿀알바 14
나이 오십에 청소노동자

사물이 내게 건네는 평온 19
오래전 잊었던 유용함에 대한 감각

파이가 작으면 늘리면 되지 23
돈 될 만한 것에는 이미 많은 사람들이 거미줄처럼

나는 청소를 좋아하지 않는다 28
중년엔 그동안 해보지 않은 일을 해볼 것

결혼의 뒤꽁무니 34
오롯이 나에게만 속한 시간과 일과 물건

신데렐라의 새어머니는 누구인가

한 달에 100만 원   42
너는 언제 한번 노동을 팔아본 적이 있던가

어머니는 왜 밀키트를 만들지 않으셨을까   48
시집 잘못 간 여자들이 나가 돈 벌던 시절

친정어머니는 왜 텃밭에 올인하셨을까   55
노년의 기이한 열정과 낮은 자기 확신

등뼈의 램프   61
상상력을 자극할 어떤 것이 빠진 식탁

신데렐라의 새어머니는 누구인가   67
누가 나를 부엌에 묶어두고 재투성이 옷을 입혔나

물고기는 어디에나 있다   76
상실, 집착, 무한한 힘에 대한 환상

잃어버린 물고기를 찾아서

그곳에 여자들이 있었다   86
경단녀 재취업 잔혹사

끝없이 경주하는 기형 토끼 세 마리   93
사교육 카르텔 신화의 빛과 그림자

자긴 맨날 돈 안 되는 것만 하고 살더라   100
이토록 무용하고 써먹을 데 없는 책 읽기

울지 않을 땐 책을 읽는다   108
그렇게 쓴 글 대부분이 출간되지 않더라도

집? 집은 쉬는 곳이지   116
결혼의 빛이 꺼져갈 때 우리는

유전자의 농간, 우상의 시간   125
나는 수유와 배설을 동시에 기능하는 생존 기계

우울과 미성숙

그녀는 불행했어 그래서 사악해졌지 　　　　　　　　134
삼키거나 휘두르거나, 자식 잡아먹는 모성

시어머니 괴담의 재생산 　　　　　　　　143
그건 도리가 아니라 갑질의 대물림이에요

우울도 자란다 　　　　　　　　150
미성숙이 자라 우울이 될 때

심연을 너무 오래 들여다보면 　　　　　　　　158
불안과 우울의 대환장 파티

지구 종말을 기다리는 마음 　　　　　　　　166
자기혐오는 얼마나 압도적인지

가짜 뉴스, 불행의 유통 　　　　　　　　174
실패한 자의 체념 어린 충고를 조심할 것

그렇게 쉽게 어른이 될 줄 알았어?

주식, 이게 뭐라고 　　　　　　　　182
나도 너처럼 좋은 부모 노릇 하고 싶어서

자본이 자본을 낳을 거라는 　　　　　　　　191
다 너를 위해서라는 거짓말

그렇게 아버지와 똑같은 어른이 되었다 　　　　　　　　198
그렇게 쉽게 부모가 될 수 있을 거라 생각했어?

얼마면 만족할 거 같아? 　　　　　　　　208
노동소득과 자본소득, 그리고 조부모라는 계급

옆집 남자, 옆집 여자 　　　　　　　　216
왜 우리는 같은 욕망으로 들끓을까

아담과 하와의 첫 번째 죄 　　　　　　　　225
하마르티아, 어긋나는 화살

혼돈과 희망의 변증법

우리는 어쩔 수 없이 모순과 손잡고   238
미성숙은 어떻게 자라 악이 되는가

죽은 여자들의 목소리   247
난 알아요, 믿을 필요가 없어요

아들이 나와 닮아서   256
너의 불안을 아들에게 전가하지 말지어다

엄마, 알바만 하고 살아도 괜찮을 거 같아   265
아들이 대학에 가지 않겠다고 말했을 때

그릿, 장밋빛 자기 기만   275
혼돈도 삶의 일부라는 자기 인식

어느 날, 뜻밖의 작은 균열   283
가정주부 말고 나를 설명할 다른 이름이 갖고 싶었다

에필로그
이름이란 얼마나 좋은 위안인가!   291

이 책에 나온 책들   301

집 청소 한다고 누가 돈을 주나?

강남 사모님이 호텔 룸메이드가 되다

나 서울 살 때 교회 같이 다니던 집사님을 이번에 오랜만에 만났거든? 근데 그 집사님이 글쎄, 요즘 청소 일을 하러 다니신다는 거야. 집이 삼성동이고, 남편은 은행 지점장인데.

애들은 다 커서 대학 가고 회사에 다니니까 집에 아무도 없잖아. 시간이 엄청 많이 남지. 이분, 한동안 빈 둥지 증후군으로 고생을 좀 하셨거든. 무기력증에 우울증으로. 그러다가 우연히 호텔에서 룸메이드 구한다는 광고를 본 거야. 정확히 말하면 화장실이랑 사우나 청소. 옛날부터 워낙 정리의 여왕이었거든. 집에 가보면 늘 티끌 하나 없이 깨끗해. 평소에도 청소에 진심인 살림꾼인 거라. 처음엔 그냥 심심풀이로 시작하셨대. 호텔이 집에서 걸어서 10분밖에 안 걸리니까 운동 삼아 해보자, 했던 건데.

막상 해보니 너무 좋다는 거야. 집 청소는 맨날 해도 티 하나 안 나잖아. 청소 잘한다고 누가 칭찬을 하길 해, 알아를 봐줘. 근데 여기서는 청소 잘했다고 매달 꼬박꼬박 통장에 돈을 넣어주네? 호텔이니까 기본 프레임이 깨끗하고 구석구석 묵은 때도 없지. 토해놓는 취객이 있는 것도 아니고, 춥지도 않잖아. 깔끔하게 메이드 옷 차려입고 살살 물기만 훔치고 다니면 된다는 거야. 요즘 여자들은 뭐 입고 어떤 향수 쓰나, 구경도 힐끔힐끔하고 말이지.

그러고 받은 월급은 오롯이 나를 위해 쓴다는 거야. 평생 남편이 벌어다 준 돈으로만 살았는데, 처음으로 내 손으로 번 돈이 생긴 거잖아. 남편 월급이야 늘 애들 학원비 나가기도 바빴지. 애들 건 턱턱 사도 내 건 늘 몇 번 생각하며 샀잖아. 하지만 내 손으로 번 거니까 나를 위해 쓸 수 있잖아. 결정적으로 이제 곧 남편이 퇴직하고 집에 들어와 앉을 텐데……. 하루 종일 남편이랑 한집에서 마주 보고 어떻게 살 거야? 내가 나가는 게 낫지. 돈도 벌고, 경제적 자유도 얻고. 그래서 너무 좋다는 거야.

친구의 얘길 듣는데 청소와 일을 교집합으로 한 온갖 드라마와 영화, 가족과 이웃의 사연들이 머릿속을 휘젓고 지나갔다. 전직 출판사 직원이자 대필 작가인 주인공 전도연이 강남의 주상복합아파트에서 가사도우미로 일하던 드라마 〈인간 실격〉의 한 장면. 친정 엄마가 운영하던 직업소개소 일을 물려받아 코로나 때 월 매출 1천만 원까지 올렸다는 이웃 엄마의 이야기. 매일 반복되는 한 청소부의 일상을 잔잔한 감동으로 승화시킨 야쿠쇼 코지 주연의 영화 〈퍼펙트 데이즈〉까지.

평생 전업주부로 살아온 그 집사님은 그렇게 처음으로 가사노동이 돈으로 환산되는 마법에 완전히 매료되었다고 했다. 한 번도 제대로 평가받아 보지 못한 집안일. 매일 부지런히 쓸고 닦고 빨래를 돌리고 정성껏 식탁을 차려도 집에서 '노는 여자'라는 타이틀에서 자유롭지 못했던 전업주부로서의 삶. 하지만 집에서 벗어나자 늘 하던 걸레질은 노동에 대한 당당한 품삯으로 환원되었고, 매달 통장에 꽂히는 돈을 보며 그녀는 자신의 쓸모를 확인할 수 있었다고 했다.

강남 사모님이 하루아침에 청소노동자가 되었다.

그 누군가가 선택한 삶의 방식 하나가 그날 이후 내 안에 떨어져 작은 파문을 일으켰다.

어느 날 홀연히, 꿀알바

나이 오십에 청소노동자

2년 전쯤, 아들은 대학에 가지 않겠다고 선언했고 나는 학원 아르바이트를 그만두었다. 아들이 대학을 고집했거나 재수라도 했다면 아마 쉽게 그만두지 못했을 것이다. 4년이 될지 그 이상이 될지 모를 학자금을 대기 위해 뭐라도 했을 것이다. 하지만 아들은 고등학교를 졸업하자마자 아르바이트를 하면서 자기 용돈을 벌어 썼고 심지어 매달 꽤 큰돈이 꼬박꼬박 통장에 쌓이고 있었다. 이젠 정말 아들을 위해 내가 해줄 것이 아무것도 없었다. 그동안 나도 나름 열심히 살지 않았나. 치열하고 유용하게 사는 사람들이 이렇게 많은데, 나 하나쯤 이제 내가 하고 싶은 일만 하고 살아도 될 것 같았다.

물론 예전과 똑같이 살 순 없었다. 체감 물가만 30% 이상 뛰었고, 무지출 챌린지 같은 것을 병행하며 소비 규모를 줄였다. 난생처음 수입의 규모에 소비를 맞춰 살아가는 방식에 몸을 맞춰 본, 나로서도 적지 않은 변화였다. 명품을 걸치진 않아도 계절에 한두 벌의 옷은 사고 생활비에서 엥겔지수가 차지하는 비중이 높았던지라 적잖은 노력과 절제가 필요했다.

그리고 한 해가 다 가기 몇 달 전, 우연히 언니가 단체 메시지로 올린 글에 반응하지 않았다면 나는 얼마간 더 그런 생활을 지속했을 것이다.

"병원에서 점심 식사랑 청소 같이 맡아주던 아주머니가 있었는데, 이번에 사정이 생겨서 청소만 하게 됐거든."
"그래? 청소만 하면 얼마나 받는데?"
"150~160만 원 정도 받는대."
"160만 원이나? 하루 몇 시간 하는데?"
"새벽에 서너 시간 정도 걸릴걸?"

식탁에서 이모와 메시지를 주고받던 엄마의 혼잣

말에 호기심이 생겼던지 아들이 옆에서 가민히 쳐다보더니 속삭였다. "엄마, 그럼 시급 엄청 높은 건데?"

"시급 엄청 세다. 우리가 요즘 아르바이트 좀 해봐서 알잖아. 형부가 시세를 너무 모르는 거 아니야?"
"나야 그런 거 잘 모르니까. 그냥 아주머니 형편이 좀 안 좋다고 해서 형부가 조금 더 쳐주는 거 같아."
"뭐뭐 하는데?"
"쓰레기통 비우고, 바닥 쓸고 닦고, 물리치료실에서 나오는 수건이 조금 되거든. 그거 세탁이랑 건조기 돌려서 개어놓는 일이야. 그래도 저녁부터 새벽까지 퇴근 후에 아무 때나 와서 하면 되니까 시간이 자유로운 건 좋겠더라고."
"꿀알바다 언니! 그 아줌마 혹시 그만두면 나 그거 시켜줘."
"에이, 너는 그런 거 못 해. 서너 시간 계속 몸 쓰는 거, 생각보다 힘들어. 하던 사람이 하는 거지."
"아니야. 요즘 그 정도로 쳐주는 알바 얼마 없어. 울 아들도 옆에서 자기 식당 끝나면 같이 가서 청소하재. 그러니까 그 아줌마 그만두면 나한테 먼저 알려줘야 돼.

알았지?"

적극적으로 너스레를 떨긴 했지만 그때만 해도 반신반의했다. 한 번도 해보지 않은 일인 데다, 나로 말하자면 그게 얼마나 된다고 세탁기에서 빨래를 꺼내다가 허리가 나간 부실한 몸뚱이의 대명사, 몸 쓰는 일에는 전혀 요령부득한 인간이다. 하지만 이미 말은 꺼내두었겠다 혼자는 영 자신이 없어 평소 결이 맞는 친구에게 이런 꿀알바가 있으니 혹시 자리 나면 같이 해보지 않겠냐며 살짝 운을 띄워놓았다.

두 달 뒤 언니에게 전화가 왔다.
"너, 그때 그 말 진심이야? 아줌마가 이번에 식당 차려 나간다고 했대. 형부가 너 진짜 할 생각 있는지 물어보래."
하! 그날이 이렇게 빨리 찾아올 줄이야!
"언니 잠깐만, 친구한테 같이 할 건지 한 번만 더 물어보고!"
그새 친구 맘이 바뀌었을까 봐 걱정하며 물었더니, 반 농담 삼아 '알바 언제부터 하냐고, 빨리 진행시키라'

며 나를 부추기던 친구도 뜻밖의 빠른 전개에 잠시 망설이는 것 같았다. 마른침을 꿀꺽 삼키는 사이, 친구가 말했다.

"해보지 뭐. 그게 뭐라고. 같이 하면 할 수 있지 않을까. 서로 백업도 되고."

"다행이다. 같이 하면 나도 부담도 덜 되고. 할 수 있을 거 같아!"

11월 마지막 주, 전임자에게 인수인계를 받았다. 그리고 본격적으로 청소를 시작한 지 하루 만에 알았다. 이것은 그야말로 하늘이 내린 알바라는 것을. 부담이나 백업은커녕 혼자 힘으로도 충분히 커버 가능한 꿀알바였다.

사물이 내게 건네는 평온

오래전 잊었던 유용함에 대한 감각

본격적으로 청소를 시작한 첫 주. 안 쓰던 근육을 쓰다 보니 청소를 마치면 목과 허리와 손목이 뻐근했다. 평소 키보드나 피아노만 두들기던 손가락이 마디마다 비명을 질러댔다. 주변엔 어린이집 식판 나르는 아르바이트를 하다가 어깨 수술을 받은 친구에다, 학교 급식실에서 몇백 명분의 조리 도구와 솥을 나르느라 병원을 수시로 들락거리는 친구도 있었다. 괜히 말년에 안 하던 짓 하다가 병원비만 더 든다던 친구들의 충고가 어른거렸다. 그건 나도 싫었다. 처음으로 내 몸의 반응에 예민해지기 시작했다. 혹 몸 관리라도 잘못해서 갓 시작한 일을 그만두게 될까 봐, 내 충동적인 결정 때문에 다시 사람을 구하는 수고를 끼치게 될까 봐 매일 몸을 유심히 살피게 되었다. 평상시 비타민도 잘 안 먹던 내가, 예전에 사두고 잘 사용하지 않았던 적외선램프까지 침대 곁에 켜두었다.

효과가 있는지 갓 일어났을 땐 다소 뻑뻑하던 근육이 늦은 아침이 되면서 차츰 풀렸다. 온몸에 이상하게 활력이 돌았다. 몸뿐만이 아니었다. 가족들 밥을 챙겨주고 나면 무기력하게 늘어지던 아침에 탄력이 생겼다. 어딘가 갈 곳이 생겼다는 것. 할 일이 생겼다는 것. 내가 필요한 사람이 되었다는 것. 내가 이 사회에 쓰임이 있고 누군가와 함께 발맞추고 있다는, 오래전 잊었던 어떤 유용함에 대한 감각이었다.

그중에서도 가장 좋은 것은, 불 꺼진 병원 문을 열고 들어선 순간 나를 맞아주는 듯한 온기다. 하루 종일 열심히 일하고 난 사람들이 남기고 간. 펄펄 살아 있는 열기가 아니어서 더 좋은. 소파와 책상과 바닥에 은은하게 남아 있는. 사물만이 내게 건네줄 수 있는 평온. 진상 학부모도 공부에 찌든 학생도 없는. 그리하여 나 스스로 계속 내 쓰임을 평가하고 자책하고 독촉할 필요가 없는. 내가 딱 찾던 적정한 온도의 알바가 바로 여기에 있었다.

이 좋은 걸 내가 왜 같이 하자고 했을꼬.

두세 번 합을 맞추자마자 나는 친구에게 말했다. 친구는 나 같은 백수와 달리 어엿하게 자기 명의의 학원을 운영하는 무려 학원장이었다. 그러니 쇠뿔도 빨리 빼는 게 나을 것 같았다.

"어이, 친구! 허리 아프지 않아? 힘들지? 손가락이랑 손목 안 쑤셔?"

"아니? 나는 아무렇지도 않던데?"

"정말? 당신은 솔직히 말해서 이런 거 할 사람이 아니잖아. 학원 운영에 좀 더 심혈을 기울이는 게 좋지 않겠어?"

"아니야. 나 이거 너무 재밌어."

"아닐 텐데? 청소하는 시간에 방학특강 하나 더 개설해서 학생 한두 명 더 가르치는 게 낫지. 이런 일은 하찮은 나에게 넘기고, 자네는 학원장 본업에 충실하는 게 어때?"

친구가 선뜻 함께 나서준 것은 새로운 일에 도전하는 나를 지원하기 위한 것이었음을 알았기에 건넨 말이었다. 하지만 친구가 이제 와서 무슨 말이냐는 듯 눈알을 부라리며(휴대폰 액정 너머로 그렇게 느껴졌다) 말했다.

"뭐래! 나 절대 못 그만둬! 그만둘 거면 당신이 그만둬!"

같이 하면 백업도 되고 부담도 덜겠다며 간드러지던 우리 사이는 일을 시작한 첫 주 만에 완전히 사라졌다. 안타깝게도(?) 친구 역시 고 짧은 새에 나와 똑같은 생각을 했던 것이다.

파이가 작으면 늘리면 되지

돈 될 만한 것에는 이미 많은 사람들이 거미줄처럼

친구가 이렇게 진심으로 나올 줄 몰랐다. 학원장이나 되는 사람이 말이지! 친구도 처음엔 새로운 일을 시작하기 겁내는 내 등을 떠밀 겸 시작한 일이라고 했다. 하지만 막상 해보니 하루 세 시간 이게 뭐라고 생활에 활력이 붙는 게, 욕심이 나더라는 것. 꿀알바를 혼자 독차지하려던 내 계략이 전혀 먹혀들지 않자, 나는 재빨리 파트너에게 제안했다.

"그럼 날짜 나눠서 하자. 자기가 이틀 하고, 내가 나흘 할게. 매일같이 나와서 나눠서 할 분량은 아니잖아."

친구의 눈동자가 잠시 흔들리는 듯싶더니, 덥석 내 제안을 물었다. 마침 연말이라 친구가 이런저런 사유로 날짜를 바꾸는 등 아쉬운 소리를 하던 참에, 내가 그 허점을 공략해서 날짜와 페이를 나눈 것이다.

일주일 후, 일을 마치고 돌아오는 버스 안에서 문득 이런 생각이 들었다. 우리가 왜 서로 관두기를 바라고 있는 걸까. 파이가 작으면 파이를 늘리면 되는 것을! 바보같이 그동안 쪼개 먹을 궁리만 하고 있었다. 그 길로 바로 알바 구직 검색에 들어갔다. 병원+청소로 검색했더니 역시나 옆 동네 치과에서 하루 두세 시간 청소 알바를 구하고 있었다. 차이가 있다면 페이가 우리의 반밖에 안 된다는 거. 치과니까 방 하나에 체어 예닐곱 개 정도가 놓여 있는 작은 평수라서 그런 것 같았다. 어차피 추가로 하는 일이니 페이는 큰 상관이 없어 보여, 바로 지원 문자를 넣었다.

현재 정형외과 한 곳에서 청소를 하고 있습니다.
7일밖에 되지 않았지만 너무 재밌어서 한 군데 더 지원해보려 합니다.
강점: 현재 파트너와 둘이 하고 있어서 비상시 백업이 가능함.

그날 저녁. 바로 연락이 왔다.

"이력서 보고 전화드렸습니다. 지금 현재 병원에서 일을 하고 계시다고요?"

"네. 시작한 지는 얼마 안 됐는데 일이 재밌어서요. 하나 더 해보려고 지원했습니다."

"안 그래도 오늘 오전에 어느 한 분이 너무 하고 싶다고 사정을 하셔서 거의 내정을 하고 있었는데, 백업이 가능하다는 말씀 듣고 전화드렸어요."

"맞아요. 저희는 둘이 스케줄을 조정할 수 있어서요. 펑크 낼 일이 없습니다."

"지금 하시는 병원은 몇 평 정도인가요?"

"여기는 병원이 좀 커요. 물리치료실이랑 로비가 있고요. 진료실이 서너 개 되어서 사실 조금 많이 받고 일하고 있습니다."

"저희 병원 혹시 와보셨나요? 저희는 100평이 좀 넘거든요."

"네? 100평요?"

"치과 유닛 체어가 각 방에 하나씩 단독으로 들어가 있는데, 그런 방이 총 16개입니다. 그 외에 사무용 방이 8개······."

"헐……."

 방이 24개인데 고작 80만 원이라니. 최저 시급. 그게 청소 업계의 시세였다. 엄밀히 말하면 개인이 업체를 통하지 않고 구할 때의 시세. 그래도 하겠다는 사람이 널려 있었다. 일단 파트너와 상의해보겠다고 한 뒤 전화를 끊었다. 파트너의 생각도 나와 같았다. 추가로 하게 된다면 지금 정도나 그 이하의 작업 분량을 예상했던 우리는 처음부터 너무 무리는 하지 말자는 쪽으로 의견을 모았다. 이제 시작했으니 이 일이 손에 익을 때까지 3개월 정도는 적응 기간을 가져본 후에 다시 검토해보자고.
 그 일이 있은 후 관심이 생겨 주변에 탐문하다 보니 하나 건너 이쪽 업계를 아는 사람들이 정보를 주었다. 서울과 경기도 일대 최소 몇백만 개가 넘는 건물들은 이미 청소대행업체, 인력관리소나 직업소개소라 불리는 업체들이 꽉 잡고 있다고 했다. 내가 알바 구직 사이트에서 구한 건 운 좋게 업체를 피해 눈에 들어온 보기 드문 행운이었던 셈.
 이놈의 대한민국엔 돈이 좀 될 만하다 싶으면 이미 너무나 많은 사람들이 거미줄처럼 진을 치고 있었다. 내가 얼마나 오랫동안 그런 세계와는 동떨어진 채 살고 있었는지 다시 한번 확인한 순간이었다.

나는 청소를 좋아하지 않는다

중년엔 그동안 해보지 않은 일을 해볼 것

신혼 초. 별로 잘 웃기는 편이 아닌 내가 딱 한 번 시아버 님을 빵 터트린 적이 있다. 친척 결혼식이었던가. 부산 에서 올라오신 시부모님이 며칠 서울 신혼집에 묵고 계 셨다. 점심상을 물리고 막 사과를 깎던 중이었다. 남자 들 밥 챙기느라 식사도 제대로 하는 둥 마는 둥 하시던 어머니. 첫날 집에 발을 들이자마자 이곳저곳을 열심히 쓸고 닦으시더니 그날 후식을 먹는 중에도 잠시도 쉬지 않으셨다. 물티슈를 뽑아 부지런히 바닥을 계속 훔쳤다. 아버님에게 포크로 사과를 하나 집어드리던 내가 무심 코 이렇게 말했다. 어머니, 어차피 금방 더러워질 건데, 뭘 그렇게 열심히 청소하세요?

그때였다. 사과를 한 입 베어 물던 아버님이 박장대소를 하셨다. 그게 그렇게 웃기는 말인가 하고 머리를 굴리는 사이, 나는 깨달았다. 아버님이 평소에도 어머니의 뒷모습을 보고 자주 나와 똑같은 생각을 하셨다는 것을.

평생 집안일에 진심이셨던 어머니와 달리, 나는 한 번도 집안일에 진심인 적이 없었다. 회사를 그만두고 전업주부가 된 뒤에도 집안일에 별로 맘 붙이지 못했다. 평생을 그렇게 살았다. 결혼 전에도 금방 원복되거나 뒤바뀌거나 되풀이해야 하는 일에는 잘 마음이 가지 않았다. 사람을 만날 때도 진심을 다해 사랑하고, 마음이 떠나면 애써 잡지 않았다. 물건이 망가지면 고쳐 쓰지 않았다. 이상한 방식으로 영원한 것을 추구했고, 금방 변할 것에 무심했다. 그러니 해도 티 나지 않고, 며칠 뒤면 뽀얗게 먼지가 앉을 청소 같은 것에 내가 눈길을 줬을 리 만무했다.

아이가 생기고, 아들이 연이어 둘 태어났다. 남편은 여전히 10시가 넘어 들어왔고, 어느 날 견종 중에서도 가장 털이 많이 날리는 스피츠를 집안에 들여온 이후로는 아예 청소에 담을 쌓고 살았다. 내가 깔끔쟁이였으면 저놈 우리 집에서 못 살았어, 우기며.

내가 나이 오십에 뒤늦게 청소 알바를 하게 되었다고 하자 주변 지인들이 반신반의했던 것도 당연했다. 나조차 내가 이런 일을 하며 살게 될 줄 몰랐으니까.

일단 잘하지도 좋아하지도 않는 일이었다. 몸 쓰는 일에 대한 편견이 아니라, 한 번도 해보지 않은 일이라 내가 잘하는지 못하는지조차 모르는. 그래서 자신이 없었다는 것이 더 맞을 것이다. 나는 평생 무언가를 적극적으로 선택하거나 추구하며 살지 않았다. 대학에 들어가 책을 읽었고, 졸업 후 책을 다루는 직업을 가졌기에, 경단녀가 된 후 다시 뭔가를 시작하려 했을 때도 자연스럽게 책을 떠올렸을 뿐이다. 그나마 국어학원이 가장 가까운 선택지로 보여서, 애들 어느 정도 크고 난 뒤 2년여 학원 알바를 했다.

뭐든 해봐야 제대로 알게 된다. 국어학원에서 아이들을 가르치며 그제야 알았다. 학원은 내가 책을 좋아하는 방식과 전혀 가깝지 않았다는 것을. 무언가 좋아하면 그걸 업으로 삼지 말라더니. 현실과 이상 사이엔 어김없이 갭이 존재했다. 나는 가르치는 일에 타고난 알레르기가 있었다. 어떤 모임에서도 누군가 조금이라도 위에서 아래로 내려다보는 방식으로 말하면, 바로 안에서 실소부터 일었다. 그러니 내가 무슨 확신으로 아이들을 가르칠 수 있었겠나. 이 나이 먹도록 내 인생 후반전에 떠오른 삶의 질문에도 아직 제대로 답하지 못했는데, 그런 내가 대체 누굴 가르친단 말인가. 이런저런 이유에도 불구하고 이 세상은 살 만한 곳이며 희망이 가득한 곳이라고, 아이들 앞에 서서 마음에도 없는 거짓말을 할 수 없었다.

내가 최근 인생에서 깨달은 것은 이현의 소설《호수의 일》에서 주인공 호정의 부모님이 무심코 던진 대사 같은 것이다. "어느 날 돌아보니 내가 만두를 빚으며 살아가고 있더라고."

호정의 부모님은 젊은 시절 태권도 국가 대표 상비군이었다. 둘은 사랑에 빠져 호정을 임신했고 그 바람에 선수촌에서 나오게 되었다. 지금은 작은 만두가게를 운영하며 살고 있다. 젊은 시절 우리는 모두 호정의 부모님처럼 꽤 대단한 일을 하며 살 거라 생각한다. 하지만 돌아보면 그중 대부분은 만두를 빚으며 살고 있는 것이다. 거기엔 어떤 평가도 들어 있지 않다. 슬픈 건, 아이들 사춘기와 갱년기를 겪으며 내 아이도 나와 크게 그다지 다르지 않을 거라는 예감을 어느 정도는 받아들이게 된다는 것이다. 그게 지금 나와 내 이웃이 살아가는 적당히 부침 있는 삶이며, 최근 내가 알고 경험한 진짜 세상이다.

중년을 지나며 보니 두 부류의 사람이 있었다. 달라진 삶의 조건을 기꺼이 내 것으로 받아들이며 사는 사람과 여전히 받아들이지 못하는 사람.

청소라는, 내 생애 한 번도 생각해보지 못한 일을 시작하며 나는 불현듯 오래전 상담사인 후배가 내게 했던 충고가 떠올랐다.

"인간은 나이가 들면 들수록 점점 더 타성에 젖어서 자기한테 익숙한 것만 하려고 하잖아요. 그래서 중년 이후엔 평생 해보지 않은 일을 일부러라도 해보는 게 중요해요."

그때 나는 후배의 이야기를 들으며 그건 여행이나 취미 등의 버킷리스트 같은 것이라고만 생각했다. 나이 오십쯤 되고 조금 일찍 은퇴한 내 또래들이 여유를 부리며 하는 그런 것들. 이제는 안다. 후배가 말한 '해보지 않은 일'의 진의를. 그게 꼭 럭셔리하고 낭만적일 필요는 없는 것이다. 중년에 저마다 도달한 삶의 조건이 다르듯, 어떤 이에게는 청소처럼 지극히 현실적일 수도 있는 것이다. 다행히 나는 그 둘을 연결해서 해석할 만큼 조금 철이 들기도 한 것 같다. 그러니 지금 써나가는 내 이야기는 결코 우울한 이야기가 아니다. 나는 실로 오랜만에 내 인생에 대해 희망적이다.

결혼의 뒤꽁무니

오롯이 나에게만 속한 시간과 일과 물건

새벽. 창밖의 어스름한 빛 뒤로 초로의 남자 하나가 아침을 깨운다. 이부자리를 가지런히 개고 어젯밤 잠들기 전 읽은 책의 책갈피를 접는다. 이를 닦고, 수염을 다듬는다. 화장실이 따로 있지 않은 좁은 다다미 주택. 개수대에서 간단한 세수를 마친 그는 다다미방으로 다시 올라가 화분 앞에 무릎을 꿇고 앉아 물을 준다. 하루의 시작이다.

일터로 나서기 전. 그는 어제 귀가하며 선반 위에 가지런히 놓아둔 카메라, 시계, 동전, 열쇠를 챙긴다. 문밖에 나가 하늘을 올려다보며 미소 짓는다. 집 앞 자판기에서 커피 캔 하나를 뽑아 들고 봉고차에 올라탄다.

좌석에 앉아 낡은 카세트테이프를 고른다. 시동을 건다.

그가 도착한 곳은 시내의 공중화장실. 그는 뒷좌석에서 자신이 손수 만든 청소 도구를 챙겨 들고 일터로 향한다. 그의 이름은 히라야마. 화장실에 들어서자마자 맨손으로 화장실 바닥에 떨어진 꽁초와 세면대에 아무렇게나 올려진 휴지를 줍는다. 변기와 선반을 정성껏 닦고 난 뒤, 보이지 않는 화장실 아래쪽은 반사경을 꺼내 잘 닦였는지 확인한다.

히라야마와 함께 근무하는 오타쿠 청년은 오늘도 지각이다. 10점 만점에 8점이니 하며 매일 뭔가 평가하는 버릇이 있는 젊은이. 지각할 때마다 요란스럽게 변명을 하고 틈만 나면 핸드폰을 들여다보는 게 특기다. "히라야마 씨, 뭘 그렇게까지 하세요. 어차피 더러워지는데." 오히려 잔소리를 늘어놓는다. 하지만 그는 아무 대답 없이 손가락으로 청년이 할 일을 가리킨다.

청소 틈틈이 침범해 들어오는 무례한 취객과 바쁜 행인들에게도 그는 조용히 자리를 내어줄 뿐. 그들이 볼일을 마칠 때까지 기다리며. 하늘을 올려다본다. 저 멀리 흔들리는 산으로, 나무로 시선이 옮겨갈 때마다 그의 옅은 미소가 따라간다.

점심시간. 공원에서 샌드위치로 간단하게 점심을 마친 후 그는 늘 하늘을 배경으로 나무 한 장을 찍는다. 그림자를 드리운 나무 실루엣 뒤로 코모레비(나뭇잎 사이로 비치는 햇살이라는 뜻의 일본어)가 어른거린다. 가끔은 산책하다가 나무 사이에 잘못 싹을 틔운 작은 모종을 파내 집으로 가져가는 것도 그의 일과 중 하나다.

　일을 마치고 들르는 동네 목욕탕. 몸에 정성껏 비누칠을 하고, 탕 속에 들어가 하루의 피로를 푼다. 저녁은 지하철 지하상가. 그곳에 단골 식당이 있다. 활기찬 목소리로 인사를 건네는 식당 주인. "오늘도 수고하셨습니다!" 늘 똑같은 인사와 늘 똑같은 메뉴. 그는 종업원들이 야구 중계를 보며 옥신각신하는 것을 들으며 홀로 저녁을 먹는다. 귀갓길. 다리 위로 다시 도쿄타워가 불을 반짝인다.

　저녁의 집은 고즈넉하다. 이부자리를 펴고 누운 남자는 어제 읽다 만 문고판 책을 다시 펼친다. 손에 들고 있던 책이 한 번, 두 번 끄덕거리며 그의 손에서 빠져나가면 어느덧 그의 하루도 마감할 시간. 탁상 조명을 끄고 편안히 눈을 감는다.

〈퍼펙트 데이〉는 화장실 청소부 히라야마의 일상을 담담하게 따라가는 영화다. 원래는 도쿄 올림픽 직전 기획된 도쿄 공중 화장식 개선 프로젝트의 일환으로 기획되었다고 한다. 유명한 디자이너를 기용하여 도쿄 소재 공중화장실을 리뉴얼한 뒤 영화와 사진으로 담아보자는 아이디어. 하지만 세계적인 거장 빔 벤더스 감독이 메가폰을 잡으면서 인생을 관조하는 한 편의 묵직한 영화로 재탄생했다. 무엇보다 이 영화는 내 나이 오십에 청소 알바에 도전하게 된 계기에도 3할쯤 영향을 주었다. 청소를 시작하면서 주인공 야쿠쇼 코지가 입은 올인원 청소복에 꽂혀 한동안 인터넷을 검색하고 다니기도 했으니 말 다했지. 파트너가 우리 몸매에 올인원은 불가함을 강력히 어필하는 바람에 물 건너갔지만.

영화 속에 등장하는 소재와 소품들은 평범하지만 정감이 넘친다. 디자이너들이 저마다의 개성으로 디자인한 화장실 17곳, 주인공 히라야마의 청소에 임하는 단단하고도 올곧은 자세, 올드팝과 헌책방과 어린 분재와 자전거라는 그의 소소한 취미들. 소재와 소품의 매력 사이로 뭔가 깊은 사연을 품은 듯한 그의 과거가 교차 편집된다. 젊은 시절, 남부러울 것 없는 학력과 지위와 부를 누렸던 잘생긴 주인공. 하지만 그는 무슨 연유에서 인지 생의 한때, 주류에서 밀려난 듯 보인다. 현대사회와 자본주의의 끝자락에서 삶의 덧없음과 허무를 맛보았을까. 하지만 그는 그렇고 그런 결말로 자신을 내던지는 대신 다른 대안적 삶, 낡고 올드한 삶의 방식으로 자신의 몸을 구부린 듯싶었다. Sometimes I feel so happy, sometimes I feel so sad but… 우리는 오늘도 계속 살아가야 한다는 삶의 실존적 자각 앞에 맞서 살아남았다. 그도 나처럼, 쉬운 죽음 대신 어려운 삶을 선택했다는, 그런 안도감과 반가움.

    모든 장면 하나하나가 너무 다 좋아서, 가만히 눈을 감고 생각해봤다. 그중에서도 내게 가장 특별했던 것이 무엇이었을까.

    선반이었다. 현관 입구에 놓인 가슴 높이 정도의 나무 선반. 그는 외출했다가 들어오면 그 선반 위에 자신의 물건들, 카메라, 시계, 동전, 열쇠를 차례로 꺼내놓는다. 그리고 나갈 때 그 물건들은 다시 고스란히 그의 주머니 안에 담긴다. 급하게 허둥거리고 찾을 필요가 없이, 늘 그 자리에 변함없이 자리를 지키고 있는 그 선반.

그 선반이 그리 좋았다.

　결혼 후에도 나는 청소와는 담을 쌓고 살았다. 남자 인간 셋에 수컷 개 한 마리와 동거 중인 나의 집. 한 번도 깔끔했던 적이 없었다. 어쩌다 큰맘 먹고 대청소를 해도 수컷 넷이 한두 번 휘젓고 나면 가구의 각은 엇나가고 쿠션과 이불은 바닥을 나뒹굴었다. 거실뿐이랴. 식탁과 화장실과 방 곳곳엔 지나간 흔적들로 가득했다. 옷과 양말, 음식 그릇과 찌꺼기, 읽다 만 책과 먹다 만 과자 부스러기와 배변 패드와 털. 작은 인간 둘이 기어다니기 시작하면서부터 시작된 그 뒤치다꺼리가 20년 가까이 내게 부여된 임무였다. 늘 남편과 아이들과 심지어 개의 뒤꽁무니를 쫓아다니며 남들이 어지른 것을 치우며 살았다.

　아이가 생긴 뒤, 오롯이 내게 속한 것을 가져본 적이 있던가. 모든 시간은 아이의 등원과 하원 시간에 맞춰 있었고, 모든 수입은 아이 양육과 교육에 맞춰 있었다. 아이들이 먹고 남긴 음식을 먹고, 쓰다 버린 이어폰을 썼다. 외출을 하거나 여행을 갈 때도 내 가방에 내 물건은 없었다. 여분의 아이들 옷과 신발과 기저귀와 물티슈와 간식만으로도 늘 짐은 한가득이었으니까. 독서 모임도 연말 모임도 제일 먼저인 적이 없었다. 친구와의 약속은 아이들과 남편의 스케줄이 잡힌 뒤 남은 자투리 시간 안에서 조율되었다. 애써 맞춘 스케줄도 그들의 변동 사항에 따라 다시 어그러졌다. 결혼 후 우리는 한 번도 일 순위인 적이 없었다. 청소를 하고 아르바이트비를 받아도 오롯이 나를 위해 쓸 수 없다. 그게 결혼하고 아이를 핑계로 집안에 들어앉은 후 경단녀가 된 내 주변 여자들의 평균치 삶이다.

히라야마의 나무 선반은 나에게만 속한 어떤 질서 정연한 세계를 의미했다. 내가 해놓은 그대로 나를 기다리는 정돈된 물건의 상태. 나중에 나만의 공간 하나를 갖게 된다면, 제일 먼저 현관 입구에 별처럼 매달아놓으리라. 그 위에 가지런히 올려놓으리라. 누군가에 밀려 늘 뒷전이었던, 오롯이 나에게만 속한 물건들을.

한 달에 100만 원

너는 언제 한번 노동을 팔아본 적이 있던가

청소노동자가 되기 전, 나는 학원 강사였다. 아이들이 어릴 때 동네 엄마들과 손가락을 걸었다. 우리는 나중에 절대 학원비 벌러 다시 나가진 말자고. 초등학교 때부터 아이를 학원으로 내몰아 일찌감치 아이들을 소진시키는 대한민국 교육 방식에 나름 저항하던 때였다.

우리는 아이들이 수업을 마치면 학원에 꽂아놓는 대신 놀이터에 풀어놓았다. 수완 좋은 엄마들은 일찌감치 아이들을 학원에 보내고 본인은 학원비를 벌러 나갔지만 우리는 그러지 않았다. 그러니까 그 손가락의 의미는 재테크에 젬병이었던 나 또한 곧 몇 년 안에 그 대열에 합류하게 될지도 모른다는 막연한 예감이었을지도 모르겠다.

하지만 아이가 크자 아들은 더 이상 나를 따라 놀이터에 가지 않았고, 내가 차려주는 밥을 먹지 않았다. 아이가 엄마를 거절하기 시작하자 물리적인 시간과 여력이 남아돌았다. 손가락 걸었던 우리의 연대도 빛을 잃었다. 마침 친구 하나가 내게 학원에서 글쓰기 알바를 해보지 않겠냐고 제안했을 때 친구를 따라나섰다.

국어학원에서 알바를 시작했다고 했을 때, 어머니께서 물어보셨다.

"그래서 얼마나 받는데?"

"한 달에 100만 원요."

"100만 원?"

그리고 수화기 너머에서 풋 이던가 헛 이던가 희미한 침묵이 지나갔다.

"주 5일에 하루 4시간이니까요. 어디 카운터나 식당 알바 나가는 것보다 덜 고되고. 어머니, 우리 나이에 이제 받아주는 데도 없어요. 회계 보던 친구도 여기저기 이력서 내봤는데, 이제 죄다 나이 제한이 걸려서 할 수 있는 일이 없대요. 그나마 요양 자격증 따기가 제일 쉬운데, 막상 하루 실습 나가서 노인 대소변 갈고 주름진 가랑이 사이에 비누칠 한번 하고 오면 간신히 끌어모은 결심도 말짱 사라지고 만다고, 그냥 외식비 줄이고 옷 하나 덜 사고 말지, 생각하게 돼버린대요. 이 나이에 하루 4시간 잠깐 나가는 알바 찾기가 얼마나 어려운데요."

나는 왜 또 그렇게 수화기 너머로 주저리주저리 변명을 하고 있는 건지.

시어머니뿐 아니다. 친정어머니도 늘 나에게 말했다. 멀쩡한 게 뭐라도 하지, 왜 집에서 노느냐고. 그래서 시작한 알바였는데, 친정어머니의 반응도 별다르지 않았다. 아이고, 예전 같으면 돈도 아닌 걸, 그거 선나 받으러 나가니.

'선나'는 '조금'이라는 뜻의 경상도 방언이다. 물론 그들의 '침묵'과 '선나'는 잘나가던 시절의 며느리에 대한 시어머니의 회한이자, 혹 딸이 주눅 들었을까 봐 보내는 친정 엄마의 응원 메시지였음이 분명하다. 하지만 내 안에서 해묵은 반감이 살짝 일었다. 100만 원이 선나라고? 그래서 당신들은 밖에 나가 제 손으로 얼마나 벌어 봤길래?

'한 달에 누가 딱 100만 원만 더 주면 얼마나 좋을까' 생각하던 즈음이었다. 남편의 생활비는 10년째 동결이고 내 나이쯤 되면 다들 용돈이라도 벌러 일을 나가기 시작하니, 나는 말 그대로 '집에서 노는 여자'라 남편에게 생활비를 올려달라고 말하지 못했다. 수완 좋은 여자들은 딱 맞는 알바를 잘도 찾아 하더구먼, 나는 어째 아직도 조건 앞에서 망설였다. 아직 그 정도로 아쉽지 않기 때문이라고 하는 게 더 옳은 말일 테지. 하지만 명절 및 경조사비 압박이 들어올 때, 사고 싶은 책 하나 선뜻 구입하지 못하고 장바구니에 넣다 빼길 망설일 때, 나는 짜증이 일었다. 그게 아이의 교육비가 되었을 때 나는 자주 들끓었다.

　불행의 요인은 분명했다. 돈이다. 자본주의 사회에서 돈은 능력이고, 여유고, 깨진 부부관계도 덧붙여준다. 친구로부터 학원 알바를 제안받았을 때 나는 더 이상 회피할 수 없었다. 학원으로 말할 것 같으면 아이들의 역량을 재빨리 소진시키는 필요악이오, 나로 말할 것 같으면 가르치는 데엔 영 젬병인……. 음, 나에게도 그 제안은 내 신념과 본성을 거스른, 얼마쯤 용기가 필요한 일이었다는 말이다. 그러니까 어머니들이 보인 반응에 내 안의 무언가가 살짝 건들린 게 분명했다.

그녀들은 평생 전업주부였다. 알뜰살뜰 한 푼 두 푼 모아 목돈을 마련할 줄 아는, 나와 다른 전문 살림꾼이다. 돈도 못 벌고 여태 제집 하나 마련하지 못한 게 맨날 바닐라라테 시켜놓고 카페에 앉아 글 나부랭이나 쓰는 나와는 엄연히 차원이 다르단 말씀. 그녀들은 노는 땅만 보면 씨를 뿌리고 상추와 호박과 고구마를 키우고 거두는 부지런한 일꾼이다. 오랜만에 만나 수다를 떨면서도 손으로는 부지런히 마룻바닥을 훔치며 잠시도 쉴 틈 없이 집안일을 하는 깔끔쟁이들이다. 쥐꼬리만 한 남편 월급을 모아 자식들 대학에 장가까지 보내고, 집안의 대소사를 관장하던 여장부들이다.

하지만 그녀들이 경단녀가 된 뒤 다시 밖으로 나가 자신의 노동을 팔아 본 적이 있던가. 노동 가치를 평가받아 돈으로 환산해본 적이 있던가? 월급 주는 이가 원하는 방식으로 자신의 노동을 변형시켜본 적이 있던가?

그녀들이 매달 받는 생활비는 남편이 아내에게 주는 돈이지 노동에 대한 대가는 아니었다. 그들이 집안에서 아무리 뛰어난 살림꾼이어도 맨몸으로 노동시장에 나가본 적이 없다. 고만고만한 여자들과 나란히 세워져서 비교당하고 평가받아본 적도 없다. 경력 단절된 여자가 자신의 자존심과 적절히 타협하며 주 5일 하루 4시간 동안 할 수 있는 일과, 그것이 한 달에 백만 원이 될 수 있는 조합이란 게 얼마나 많은 조건의 합을 맞춰 얻어낸 것인지. 자신만의 리그에서 안주인 노릇만 해본 그들은 알 턱이 없었다.

안타깝지만 여자들의 그림자 노동은 정당한 방식으로 환산되어본 적이 없었던 어두운 과거만큼이나 단단하게 그들만의 리그로 남아 있었다. 그들은 가사 노동에 대해 제대로 환산받지 못했지만, 가정 안에서만큼은 CEO처럼 군림했다. 그러자 두 어머니의 삶,-나와 불과 30년의 격차로 이어진, 나처럼 결혼하고 아이를 낳고 중년의 어두운 밤을 지나고 지금 노년에 이른, 대한민국 여자들의 삶과 그들이 선택해온 방식이 내 눈에 새롭게 들어오기 시작했다.

어머니는 왜 밀키트를 만들지 않으셨을까

시집 잘못 간 여자들이 나가 돈 벌던 시절

일하는 어머니를 보고 자란 여자가 결혼하고도 계속 일할 가능성이 높다.

친구들과 만나 육아와 그로 인한 경력단절에 대해 이야기할 때, 우리는 이렇게 가끔 어머니를 소환하곤 하는데, 내 생각에 이 말은 상당히 신빙성이 있다. 자식은 자연스럽게 부모의 뒷모습을 보고 배운다지 않는가. 물론 여기서 '일하다'라는 단어는 바깥에 나가 경제활동을 하는 행위로, 집안일이 포함되지 않는 전통적인 개념으로서의 의미다.

어쩌다 강남 출신이다 보니 어린 시절 친구들 중엔 친정어머니가 일하시던 경우는 매우 드물었다. 그때만 해도 남편은 바깥일, 아내는 집안일 구도가 보편적이었다. 그때 집에서 '노는 (줄 알았던) 어머니' 중 일부는 아파트를 불리고 불려 지금의 강남몽 신화를 일군 주역이었으며, 남편이 평생 나가서 벌어온 돈보다 훨씬 많은 부를 축적하셨다는 사실 같은 건 최근에야 알게 되었다.

부동산을 굴리는 큰손은 있어도, 전문직을 가지거나 뒤늦게 나처럼 알바를 하는 경우는 많지 않았다. 우리 어머니 세대는 경제적 호황기를 살았고 역사상 처음으로 자식 세대보다 부유한 세대이므로. 굳이 나갈 필요가 없었다고 하는 게 더 맞을 것이다.

우리 시어머니만 해도 여느 요리 연구가 못지않게 음식을 잘 만드신다. 음식에 진심이시다. 결혼하고 시댁에 갈 때마다 어머니는 늘 새로 발견한 재료와 레시피로 한 상 가득 어마어마한 음식을 차려내셨다. 길게 설명하지 않더라도 어머니 세대들의 음식에 대한 집착이라면 내 또래 며느리들은 다들 한 번쯤 혀를 내둘러본 기억이 있을 것이다. 명절에 쉴 틈 없이 만들어내던 그 많은 음식들과 또 괜찮다고 하는데도 올라갈 때마다 바리바리 싸주시던 그 많은 음식들.

아직도 강렬하게 남아 있는 에피소드 하나가 있다. 어느 해 겨울, 가족 모두 명절을 맞아 집 대신 스키장에서 모였을 때였다. 명절에 스키장에서 모인다니까 주변에선 깨인 시댁이라며 모두 부러워했고, 우리도 조금 기대를 했던 게 사실이다. 하지만 콘도에 도착한 어머니께서 우리 앞에 자신의 캐리어를 열어젖히셨을 때 우리는 기함을 토하고야 말았다. 커다란 가방 안에는 부위별로 절단된 소 한 마리가 빼곡하니 누워 있었다. 오늘을 위해 며칠 전부터 동네 친구들과 소 한 마리를 잡으셨다고 했다.

"짐은요?" 우리가 되묻자 어머니는 함박 웃으시며 작은 가방 하나를 달랑 들고 흔드셨다. 그때부터 우리 여자들은 2박 3일 내내 스테이크를 구웠다. 아침에 스키를 타러 나갔던 남자들이 끼니를 찾아 들어올 때마다 스테이크를 구웠다. 캐리어가 다 비워질 때까지 스테이크를 구웠다.

그런 명절을 몇 년쯤 함께 보내자 우리 며느리들은 명절을 스키장에서 보낸다 한들 별로 즐겁지 않았다. 어차피 명절이라 해도 음식 차리는 것이 모임의 주된 일과가 되다 보니 차라리 콘도보다 집이 편했다. 어머니는 우리와 함께 있는 동안에라도 선별한 재료로 만든 좋은 음식을 하나라도 더 먹이기 위해 안달하셨다. 음식이 넘쳐흐를 만큼 흔하고, 아들들은 모두 비만으로 다이어트를 해도 모자랄 지경인데, 음식에 대한 어머니의 마음은 꺾이지 않았다. 우리가 떠나면 어머니는 며칠을 몸져누우셨다. 우리가 시댁에 체류하는 기간이 늘어날수록 어머니의 피로도도 상승한다는 걸 알게 되자, 우리의 방문 횟수와 체류 기간도 줄어들었다. 한편으로는 기간이 줄어들면 음식에 대한 어머니의 집착이 사그라들지 모른다고 기대했던 것 같다. 하지만 착각이었다.

코로나가 정점을 찍고 조금 진정되던 어느 가을. 시댁 근처인 경주로 가족 여행을 가게 되었는데, 시댁 근처다 보니 전화를 아니할 수 없었고 통화를 하다 보니 그리움이 복받쳤다. 그럼 얼굴이나 한번 보고 가자며 일사천리 만남이 진행됐다.

"어머니, 저희 오늘은 정말 반나절밖에 못 있어요. 아무것도 준비하지 마세요. 저희가 들어가면서 회 사 갈게요. 정말 아무것도 차리지 마세요!"

다짐에 다짐을 하고 현관에 들어섰다. 하지만 이미 집 안은 장어 굽는 냄새로 진동했다. 회와 장어로 끝날리도 없었다. 회 안 먹는 둘째를 위해 어머니는 생선을 다시 구우셨다. 이제 음식은 충분하니 같이 와서 밥 한 끼 나눠 드시자 아무리 말씀을 드려도 어머니는 역시나 부엌을 떠나지 못하셨다. 둘째가 생선을 모두 먹어 치우자 다시 등심을 꺼내셨다. 짧게 오면 음식 없이 얼굴을 마주 보고 앉을 줄 알았던 며느리의 생각은 역시나 오판이었다. 2박 3일 먹어야 할 음식을 한 끼에 다 차려내실 기세였다.

식사를 마치자 남편은 피곤에 절어 늘어지고, 이러다 여차하면 차 막히는 시간에 걸릴까 하여 다시 우리는 올라갈 채비에 나섰다. 이래저래 벌려놓은 부엌을 치우면서, 내려온 김에 이것저것 싸주신다는 어머니를 말리고, 재촉하는 애들과 씨름하다 보니 어느새 나도 옷을 차려입고 이별을 고하고 있었다. 정신없이 남편과 애들 뒤를 따라나서는데, 뒤에서 맥 빠진 어머니의 목소리.

"바빠서 우리 귀한 손주 얼굴도 한번 제대로 못 봤네……."

그러니까요. 음식 차릴 시간에 애들 얼굴 보고 얘기나 좀 나누시지, 왜 그러셨어요. 나도 같이 속상해서 속에서 올라오는 말을 간신히 삼키며 현관을 나섰다.

방향을 틀기 위해 차를 후진하는데, 멀리서 우릴 따라 나온 어머니가 눈시울을 붉힌 채 손을 흔들고 계셨다. 마지막으로 다시 뒤돌아봤을 땐 손으로 눈물을 훔치는 어머니가 시야에 들어왔다.

음식 솜씨가 훌륭하신 어머니. 갈 때마다 생판 본 적 없는 방식으로 조합된 음식들을 차려놓고 자식들을 기다리는 어머니. 음식은 어머니가 사랑하는 자식을 위해 부르는 사랑의 세레나데이자, 어느 시절 한껏 쌓아올린 어머니의 전문 영역이었다. 하지만 자식은 이제 독립하여 어머니를 떠났고, 더 이상 어머니의 기량을 선보일 무대는 사라졌다.

그러다 보니 불량 며느리인 나는 언제부턴가 이런 생각이 들었던 것이다. 왜 우리 어머니는 그 좋은 솜씨를 가지고 식당을 내거나 반찬 가게를 하지 않으셨을까. 지금 같으면 밀키트 따위, 왜 만들어 파실 생각을 하지 못하셨을까. 그녀의 관심과 재능과 진심은 모두 음식을 향하고 있었고 그것은 성공을 부르는 공식의 삼박자였는데! 남편과 자식에 목메지 않고, 그 에너지를 자신에게 쏟았으면 지금쯤 시어머니는 밀키트계의 삼성가를 이루셨을 게 분명했다. 왜 모든 사람들이 자본주의 정신으로 무장한 채 돈을 좇아 살 때, 왜 어머니는 밖으로 나가 어머니의 재능을 꽃피우지 못하셨을까.

시댁은 아버님이 교직에 계셨으니 안정적인 고정 수입이 있긴 했어도, 아들 둘 모두 유학 보낼 만큼 넉넉하진 않으셨다. 하지만 어머니는 차라리 내 옷 안 사고 먹고 싶은 거 아껴 한 푼 두 푼 모으면 모았지, 자신의 재능을 팔아 돈을 벌 수 있다는 생각은 하지 못하셨다. 어머니에게 돈이란 내가 훌륭한 사람이 되면 저절로 따라붙는 것이지, 돈을 좇아 사는 것은 천박한 삶이었으므로. 남편 잘 보필하고 자식을 잘 키우는 것이 그 시대 여자들이 추구하던 가치 있는 삶이었으므로.

밖으로 나가 돈을 버는 것은 남편 잘못 만난 여자들이 어쩔 수 없이 선택한 삶의 방식이었다.

친정어머니는 왜 텃밭에 올인하셨을까

노년의 기이한 열정과 낮은 자기 확신

시어머니는 친정에서 물려받은 집과 땅이 있었고 평생 교직에 계신 아버님 덕분에 기본 생활에 위협을 받을 일이 없었다. 적극적으로 밖으로 진출해야 할 만한 선택압이 없었다고 할 수 있다. 하지만 친정어머니는 달랐다. 아버지가 오십이 되기 전에 회사를 때려치운 덕분에 그 후 어머니는 대부분의 기간을 고정 수입 없이 살았다. 자식 밑으로 한창 돈 들어갈 일 많을 때 회사를 그만두자 아버지 주변엔 투기꾼들이 들러붙었다. 할아버지에게 물려받은 시골의 땅은 그렇게 하나둘 사기꾼들의 손으로 넘어갔다. 강남에 있던 아파트도 날아갔다.

장삿속 없고 잘 속아 넘어가는 아버지의 성향은 어

머니도 익히 아는 것이었다. 하지만 어머니는 사교성과 붙임성이 있으셨다. 어느 동네로 이사 가 살아도 금세 친구를 만들고, 한번 시작한 일에는 철두철미했으며, 손재주도 좋았다.

그러니 아버지가 그렇게 재산을 까먹는 동안 어머니가 작은 꽃집이라도 하나 차렸다면 얼마나 좋았겠냐며 우리는 자주 한탄했다. 엄마가 그때 꽃집을 차렸다면 분명 지금쯤 꽃집계의 삼성가를 이루셨을 걸 하고 말이다.

어머니는 수완도 있었다. 전쟁통에 남편을 잃은 외할머니가 재가하자 어머니는 어린 시절 거의 고아와 다름없이 자랐다. 어머니는 동네 병원에 간호조무사로 취직했다. 낮에는 환자들을 돌보고 밤에는 독학으로 고등학교를 마쳤다. 외모가 단정하고 깔끔했던 어머니는 곧 병원에 들락거리던 동네 유지의 눈에 들었다. 중매쟁이가 붙어 아버지와의 혼인을 성사시켰다. 아버지 집안은 그 일대에 알 만한 사람은 다 아는 땅 부잣집이었던 데다, 아버지는 당시 대학까지 나온 귀한 외아들이었다. 아름답고 바지런한 여자와 가문 좋고 똑똑한 남자의 조합. 그 둘의 결혼은 주변 사람들이 모두 부러워할 만한 혼사였다.

부잣집에 시집갔으니 그 시절 어머니가 굳이 아이 셋을 두고 다시 일을 나갈 필요는 더욱 없었다. 젊은 시절 유능했던 어머니는 결혼 후 집안에 들어앉았다. 아버지의 경력이 막힘없이 흘러갔다면 어머니는 그대로 강남의 마나님처럼 살았을 것이다. 하지만 부잣집 외동아들은 경쟁적이지 못했고, 어머니의 사회적 지위도 아버지와 함께 내려갔다. 친정어머니의 인생의 후반전에는 사회로 등 떠밀릴 만한 선택압이 자연스럽게 찾아왔다. 하지만 어머니는 아버지가 물려받은 시골의 땅을 다 팔고, 강남의 아파트에서 경기도 변두리로 내려올 때까지 밖으로 진출하지 않았다. 대신? 텃밭에 올인했다.

처음엔 순전히 재미로 시작한 일이었다. 어머니가 사시는 빌라 가까운 곳에 언니네 땅 1천 평이 그냥 놀고 있었는데, 그게 너무 아깝다고 했다. 언니에게 간단히 허락을 받은 다음 날부터 어머니는 돌을 골라내고 고랑을 내기 시작했다. 상추와 파와 감자와 방울토마토를 심었다. 언니 부부도 노인네가 집에서 노느니 소일거리도 하면 건강에 좋으실 거라고 생각하며 흔쾌히 넘겨드린 땅이었다. 하지만 한 고랑은 다음 해 두 고랑으로 늘어났고 작물의 종류도 서너 가지에서 수십 종이 되었다. 오뉴월 잡초 올라오듯 어머니의 텃밭에 대한 욕망은 날이 갈수록 부풀어 올랐다.

지하수를 뚫어 물을 끌어 올렸고, 간이 화장실을 만들었다. 작물이 익숙해지자 다른 쪽 귀퉁이에 수목 구역을 만들었다. 머루와 대추와 복숭아나무를 심었다. 평지만으론 성에 안 차자 비탈의 나무를 베고 잔가지를 정리했다. 자갈돌을 주워 와 이번엔 화단을 만들었다. 봄마다 형형색색 꽃을 심고 꽃잔디를 깔았다. 어느 해에는 장마로 흙이 무너져 내리자 큰 조경석을 사들여 흙을 괴었다. 농사의 규모가 커지자 옆 수로를 끌어 물길을 만들고 도랑에 파이프를 묻었다. 한여름에도 어머니는 새벽부터 나가 잡초를 뽑았고, 그래도 안 되자 농업용 비닐을 겹겹으로 바닥에 깔아 잡초를 원천봉쇄했다. 꼿꼿했던 어머니의 허리는 한 해가 다르게 기역 자로 꺾였다. 그 작은 몸에서 어떻게 그런 괴력이 나오는지. 어머니는 시들시들하다가도 밭에만 들어서면 신들린 사람처럼 호미를 휘둘렀다.

아무리 적당히 하시라고 해도 듣지 않았다. 매해 꽃과 나무와 자갈과 돌을 깔 때마다 적지 않은 돈이 들었다. 어머니가 한낮의 땡볕 아래 일하다 쓰러져 죽을까 봐 언니는 밭 귀퉁이에 카라반을 마련해드렸다. 조경 전문가인 이웃이 와서 어차피 나중에 전원주택이라도 짓게 되면 땅을 다 갈아엎어야 하니, 지금처럼 부분적으로 투자하는 건 의미 없는 일이라고 조언했다. 제발 살살 재미로만 하시라고 당부했다. 하지만 땅에 대한 어머니의 집념은 사그라지지 않았다.

10년 후. 맹지였던 땅은 에덴동산으로 바뀌어 있었다. 동시에 세월이 흐르자 보호구역으로 묶여 절대 집을 짓지 못할 거라던 땅의 제한도 풀렸다. 임야였던 토지가 집을 지을 수 있는 농지로 바뀐 것이다. 언니네가 그곳에 전원주택을 지을 수 있게 되자 이웃의 말처럼 10년 동안 어머니가 땅에 들인 모든 수고와 돈과 노력 또한 모두 갈아엎어질 지경에 이르렀다. 일이 이렇게 돌아가자, 나는 다시 한번 말년에 어머니를 휘감아 몰아치던 욕망에 대해 생각해보지 않을 수 없었다.

만약 어머니가 10년 동안 그 열정을 맹지가 아니라 꽃집에 쏟아부었다면 이루었을 기회비용 따위에 대해.

어머니는 왜 그 열정을 좀 더 생산적인 곳에 쏟지 않았을까. 남편의 실직과 노후 대비 없이 찾아온 생활고는 어머니에게 일종의 선택압이자 어떤 의미에서 자연스럽게 사회로 진출할 또 다른 기회이기도 했다. 하지만 어머니는 자신에게 찾아온 그 기회 앞에서 꽃집 대신 텃밭을 선택하셨다.

경력이 단절된 여자가 다시 세상으로 나가 생판 해보지 못한 일을 시작하는 것은 당연히 쉽지 않았다. 게다가 우리 가계엔 대대로 흐르는 저주(?)가 있다. 자신 없음. 남들 앞에 서는 것, 평가에 대한 두려움, 남들은 다 아깝다고 하는데 발휘하지 못하는 재능. 어머니와 언니와 나, 우리 가계에 면면히 흐르고 있다. 밖으로 진출할 기회 앞에서 어머니를 굴복시킨 것. 경제력을 상실한 가장의 무능력 앞에서도 그때 내 어머니를 집 밖으로 내몰지 못한 그것의 이름. 낮은 자기 확신. 잘 해내지 못할지 모른다는 자기 불신과, 낯선 세상에 대한 형체 없는 두려움. 그리고 그것은 그건 몇 년 전부터 후반전을 맞이하며 나 또한 나 자신에게 끈덕지게 되묻던 질문이었다.

등뼈의 램프

상상력을 자극할 어떤 것이 빠진 식탁

버지니아 울프의 그 유명한 에세이 〈자기만의 방〉 서두에 보면, 가상의 한 남자 대학과 여자 대학이 나온다.

남자 대학. 만찬이 펼쳐지고 있는 어느 저녁 식탁이나. 크고 화려한 꽃이 가득하고 축음기에서 흘러나오는 경쾌한 음악 사이로 머리에 쟁반을 든 사람들이 분주히 오가고 있다. 식탁 위엔 하얀 테이블 보 위로 크림에 덮여 나온 얼룩덜룩한 넙치, 다양한 소스와 샐러드를 곁들인 자고새 고기, 장미 봉오리처럼 촉촉한 양배추, 그리고 노란색과 진홍색으로 빛나며 비워졌다 채워지길 반복하는 포도주가 있다. 그것은 '등뼈의 절반쯤 내려간 곳, 영혼이 머무는 곳'의 불을 밝힐 만큼 풍족하다.

반면 아무런 반짝임도 느껴지지 않는 소박한 여자 대학의 저녁 만찬. 식탁엔 접시 바닥의 무늬가 들여다보일 정도로 묽은 고깃국, 시들어 구부러진 양배추, 퍽퍽한 비스킷이 놓여 있다. 그 흔한 포도주 한잔 없이. 물론 양도 충분했고 석탄 광부들의 것보다는 훨씬 훌륭한 식사였지만, '인간이라는 육체는 실상 마음과 몸, 두뇌가 함께 결합'되어 있기 때문에, 이런 저녁 식사로는 사색을 할 수도, 사랑은커녕 편히 잠에 들기조차 어렵다. 한마디로 '상상력을 자극할 어떤 것'이 빠진 식탁. 그것이 여자 대학 식탁의 모습이다.

버지니아 울프는 가상의 남자 대학과 여자 대학이 가진 서로 다른 식탁의 풍경을 예로 들어 19세 말 여성과 남성의 사회적 지위를 추적한다. 오랫동안 귀족과 재력가들의 든든한 후원을 받아 전통과 품위를 유지하며 이어져온 남자 대학과, 이제 간신히 읍소하여 구색만 갖춘 채 마련된 여자 대학. 그들 식탁 위에 차려진 음식은 단순히 먹고 마시고 우리에게 에너지를 제공해 주는 효용으로써의 기능만이 아닌, 그것 자체로 어떤 내막을 들려주고 있었다. 어쩌면 아무것도 아닌, 하지만 매일매일

아보고자 하는 욕망과 상상력이 부재했다.

맞벌이할 당시 왜 나는 당당히 남편에게 집안일을 분담하자고 얘기하지 못했을까. 아이 키우는 일엔 나도 젬병이니 너도 돕지 말고 적극적으로 육아에 참여하라고 왜 주장하지 못했을까. 여자도 남자만큼 성공할 수 있는 시대에 왜 나는 내가 좋아하는 일을 직업으로 삼았으면서도 그 일에 좀 더 야망을 가지지 못했을까. 남편과 똑같이 유능했으면서 육아 때문에 누군가 하나 그만둬야 한다면 그건 여자인 나여야 한다고 생각했을까. 남편과 자식을 위해 살았던 어머니들의 삶이 좋아 보인 적 없었으면서 왜 그 자리로 도망쳤을까.

그리고 나는 오랫동안 내 안에 꿈틀대던 화두가 모든 시대를 거슬러 모든 여성들 앞에 놓인 공통의 과제였으며, 그들 또한 나와 같은 고민으로 분투하며 한 시대를 살았다는 사실 앞에 지금 위로와 슬픔을 동시에 느끼고 있다.

남자들의 사회적 지위와 자식들의 출세가 곧 자신의 성공이었던 여자들의 이야기는 조금의 결만 달리했지 지금도 그대로 내 어머니와 나에게 공명되었다.

어머니는 자신의 인생을 살아볼 기회가 있었지만 그걸 선택하지 못했다. 남들처럼 결혼하고 아이를 낳고 집안에 들어앉았다. 단지 잘 해내지 못할지도 모른다는 자기 의심과 두려움 때문에 사회로 진출하지 못했다. 나 역시 똑같았다. 여자들도 남자들과 똑같이 배우고 사회로 진출하는 시대가 되었지만, 아니, 어떤 여자들은 남자보다 더 많은 돈을 버는 세상이 되었지만, 아이를 낳고 집안에 들어앉았다. 경제적 독립은커녕, 자식에게 모두 올인하며 사는 다시 전통적인 어머니 자리로 돌아왔다. 모든 스케줄은 남편과 아이 위주로 돌아가고 '나'를 위한 기획과 전망은 아무 곳에도 없는 그 자리로.

지지받아보지 못한 마음이 머물게 되는 상상력의 부재. 그 자리에 상상력의 부재가 있었다. 버지니아 울프와 내 어머니, 그리고 나의 삶을 관통하며 여전히 우리 사이에 면면히 흐르는 공통점. '나'는 없고 모두 '우리'로 존재하던 시대. 남편의 조력자로, 아이의 엄마로 살아온 나에게는 바깥으로 나가 오롯이 나만의 삶을 살살펴볼 때에 필요를 덧붙였다면 "있고 실고 제조업자가 되었거나 혹은 상거래상의 생계자가 되었으며, 그러 가 이 범위에 2으이나 3인 과로는 기증했다면, 우리는 오늘 탓 인류하게 않아 있는 것이고 고도한, 시원한, 간풍한, 갖춘 고급, 수준, 정교한, 상냥하지 이름, 인내력, 동지적 성자의 상자, 진공한, 상냥함 등 지니게 된 수 있게 되었을 것입니다."

그렇다러면, 그들을 충돌히 여자들을 위한 대등에 총업을 하고 그 정한동이 개최될 수 있었는가, 만이다. 이 부양을 하지 그렇다면, 단지 여자들에게 될 등을 이해될 수 있던 한편가 번저으로 인정되지 않았기 때문에 빨리 곳일 것이다. 남경의 영명을 결정에 따라서 버 지 대한 감정 기금이나 영상정 기금으로 기여하는 데 참 영향을 가지어 내 버지니아 체 표의 동심이 주장이다.

여자가 가기 재산들 소유하지 못하고 그 재산이 여 자들의 있어 안이지 못할 때, 그 통일은 기리즉 우리 어 자들의 마음에 어떤 영향을 미치는가, 풍광 150년 전, 제 잔등을 무시한 데한 준이는 이르기 어려운 여자들이 없

• 버지니아 울프,《자기만의 방》,이미에 옮김, 민음사, 2006, 42쪽.

경험하는 식탁의 차이가 오래도록 이 사회에서 기득권
자로 누려온 남자들의 세계와 남자의 보조로 살아온 여
자들의 세계의 차이를 극명하게 보여주었다. 음식을 둘
러싼 작은 디테일 하나하나가 가부장 세계에서 가뜩이
나 얼어붙은 여자들을 어떻게 더 주눅 들게 만드는지,
여자들의 상상력을 어떤 방식으로 죄이고 꼼짝달싹 못
하게 만드는지 드러내준다.

그녀는 이곳 식탁에 다시 가상의 시턴 부인을 소환
한다. 그녀를 향해 묻는다. "우리의 어머니들은 도대체
무엇을 하고 있었기에 우리에게 물려줄 재산이 없었을
까요?"

1870년대 당시 평균치 여성의 삶을 대변하는 시턴
부인은 목사인 남편에게 열세 명의 아이를 낳아주었다.
아이들에게 둘러싸여 어린 시절 누구보다 행복한 기억
을 선사했던 자상한 어머니였다. 하지만 그녀는 정작 아
이와 남편 뒷바라지를 하느라, 다른 걸 생각해볼 만한
여유가 없었다. 만약 시턴 부인이 결혼하고 아이를 낳는
대신 사업계에 들어갔다면 어땠을까?

버지니아 울프는 다시 상상의 회로를 돌린다. 시턴
부인과 그녀의 부류들이 열다섯 살의 나이에 결혼 대신

신데렐라의 새어머니는 누구인가

누가 나를 부엌에 묶어두고 재투성이 옷을 입혔나

신혼 때부터 남편은 내가 뭘 만들어도 '맛있다, 별로다, 뭐가 먹고 싶다' 등의 반응이 없었다. 남편의 음식 취향은 시댁에 가서야 알게 되었다. 어머니께서는 싱싱한 재료 자체의 미감을 그대로 살려, 되도록 간을 하지 않은 음식을, 바로바로 해서 식탁에 올리는 걸 철칙으로 여기셨다. 생선이나 고기는 그대로 구워 먹고, 소금 이하 양념은 최대한 배제한 상차림. 밥도 딱 한 끼 먹을 만큼만 안쳐서 늘 고슬고슬한 새 밥을 해 드셨다.

아이가 생기자 모든 사이클과 리듬은 아이들 입맛에 맞춰 돌아갔다. 남편은 곰국과 계란프라이에 소금을 치지 않는다는 것, 마침 아이들 음식을 만들다 보니 그

궁합이 맞아떨어져 덩달아 간을 덜 하게 됐다는 것 정도? 정작 그의 음식 취향과 묵묵부답에 대한 의미를 알게 된 건, 친정어머니가 며칠 집에 다녀가셨던 그날 이후다.

친정어머니도 와 계시겠다, 그날따라 느긋하게 자리에서 일어난 나. 아침상을 차리기 위해 부엌에 나와 보니 이미 친정어머니는 전기밥솥에 밥을 안치고 냉장고를 뒤적거리고 계셨다. 이윽고 식탁 위로 이것저것 출처도 유통기간도 불분명한 반찬들이 올려졌다. 장모 눈엔 죄다 사위 먹이기엔 못마땅한, 의심스러운 반찬들이. 사위가 식탁에 앉자마자 친정어머니가 죄인처럼 한 말씀을 건네신다. "아유, 우리 ○ 서방 먹을 게 하나도 없어 어쩌나. 장모라고 와서는 뭐 하나 제대로 차려주지도 않고."

친정어머니는 계속 안절부절못한 채 식탁 주위를 서성이고, 나는 '누가 엄마보고 우리 집 와서 사위 아침상 차리랬수' 하며 속으로 퉁을 주었다. 정작 남편은 웃으며 된장찌개 한 숟가락을 떠서 밥에 올려놓더니 그대로 한 그릇을 뚝딱 비웠다. 뭘 이런 걸 가지고 아침부터 이렇게 난리냐는, 딱 그런 표정을 하고는.

그때 알았다. 남편은 음식에 아무런 가치를 두지 않는 사람이라는 것을. 밥 한 끼, 그러게, 이게 뭐라고! 아침부터 두 여자는 종종거리며 상을 차리고, 안절부절을 못하고, 눈치를 보며 소란을 피웠나. 한 끼 그냥 때우면 그만인 이 하찮은 것을.

아침에 생선을 굽고 전을 부쳤어도 남편에게는 똑같았을 거다. 그에게 음식은 그냥 삼시 세끼 오늘도 치러야 할 의식과 같은 것. 그래서 그동안 음식 앞에서 아무런 감흥도 촌평도 보이지 않았던 거다.

그 후로 음식 차림에 대한 내 태도는 180도로 바뀌었다. 내가 음식에 큰 가치를 두는 사람이었던가. 요리하는 게 즐겁고 상 차리는 게 보람찬 사람이던가? 아니다. 끼니마다 뭐 먹을지 고민하는 일에 질리고 질린 사람이다. 전업주부로 산 지난 10년. 아침마다 생선과 스테이크를 구우며 1000번도 넘는 식탁을 차렸다. 아이들도 이제 자랄 만큼 자랐고 음식이라면 넘쳐나는 시대를 살고 있다.

음식이라는 관성에서 벗어나서야 알았다. 가족 중 음식에 가치를 두는 건 그 누구도 아닌 나 자신뿐이라는 것을. 나조차 가치 두지 않던 것에 스스로 얽매여 살았다는 것을. 그렇게 한 걸음 걸어 나와보니 내 삶에 나 스스로 쳐놓은 족쇄들이 훨씬 더 많았다.

리베카 솔닛의 《해방자 신데렐라》는 왕자에게 선택받고 공주로 승격되는 전형적인 신데렐라 스토리의 문법을 비틀어 다시 쓴 동화다.

옛날 옛적에 '신데렐라'라는 소녀가 살았어. 신데렐라라는 이름에는 이런 뜻이 있어. 장작이 거의 다 타서 꺼져 가는 깜부기불을 '신더'라고 하거든. 신데렐라는 저택의 부엌 벽난롯가에서 잠을 잤는데, 그러다 보면 신더에서 불똥이 튀어 옷에 구멍이 나곤 했어. 옷이 낡고 너덜너덜해졌고 그래서 이런 이름으로 불리게 된 거야.

신데렐라는 하루 종일 부엌에서 요리를 하고 빨래를 해야 하는 데다가 따로 자기 방이 없었기 때문에 부엌 벽난로 옆에서 잠을 잤어. 새어머니는 신데렐라에게 종일 부엌일을 시켰어. 사실은 모든 식구들에게 충분히 돌아갈 만큼 살림이 넉넉했고 일도 나눠서 할 수 있었지만, 새어머니는 모든 사람이 모든 것을 누릴 수는 없다고 생각했기 때문에 신데렐라에게만 일을 시켰지. 새어머니는 자기 친딸인 펄리타와 팔로마는 뭐든 아주 많이 누리기를 바랐어. (하지만 신데렐라에게나, 펄리타나 팔로마에게 어떤 것을 원하느냐고 묻는 사람은 아무도 없었지.)•

신데렐라에게만 일을 시킨 새어머니는 '모든 사람이 모든 것을 누릴 수는 없다'는 철학을 가진, 그저 본성에 따라 자기 딸에게 손이 굽은 보통의 어머니였다. 다른 사람들의 편의를 위해 누군가 희생해야 한다면 그건 의붓딸인 신데렐라여야 한다고 생각했을 뿐이다. 맞벌이를 그만둘 때 만약 우리 중 하나가 육아 때문에 회사를 그만둬야 한다면 그건 여자여야 한다고 생각한 나처럼.

회사를 그만둘 때 나는 망설이지 않았다. 직장과 육아에 지칠 만큼 지쳤고, 일과 아이 둘 중 하나만 선택해야 한다면 그건 당연히 '아이'여야 한다고 생각했다. 하지만 하루 종일 아이 뒤꽁무니를 쫓아다니며 부엌에서 요리하고 빨래하고 부엌을 떠나지 못하는 삶은 즐겁지 않았다. 내가 선택한 삶이기에 책임을 다해야 했을 뿐이다.

아이 사춘기를 호되게 치르고 어느 날 돌아보니 아이는 가고 나 혼자 덩그러니 부엌에 남겨져 있었다. 누

• 리베카 솔닛, 《해방자 신데렐라》, 아서 래컴 그림, 홍한별 옮김, 반비 출판사, 2021, 5~6쪽.

가 내게 부엌을 떠맡겼던가? 나는 아이를 선택했을 뿐인데! 나는 막연히 드레스를 입고 밖으로 나가는 옆집 엄마를 부러워하면서도 여전히 재투성이 옷을 입은 채 집 안에 앉아 있었다. 10여 년의 관성은 이곳을 나의 가장 편한 처소로 만들었다. 사회는 너무 빠르게 변하고 있었고, 밖은 늘 그렇듯 치열했다. 너무 오래 떠나 있어서 내가 어떤 삶을 원하는지도 모르게 되었다. 그저 삶이란 겨우 이 정도뿐인가, 하는 옅은 실망감에 은은하게 젖어 있었다.

새어머니 때문에 부엌에 묶여 살았던 신데렐라. 다른 사람들처럼 밖에 나가고 멀리 도망도 가고 싶었지만, 그러기에는 해야 할 일이 너무 많았고 어디로 가야 할지 알 수도 없었다. 다행히 집안일을 오래 하다 보니 신데렐라는 요리를 아주 잘하게 되었고, 자신이 케이크 만드는 것을 꽤 재밌어한다는 사실도 알게 되었다. 신데렐라는 동화에서처럼 대모 요정의 도움으로 왕자님을 만나지만, 왕자는 정작 왕궁에서의 삶에 만족하지 않았다. 왕자는 농장 소년들처럼 새틴 바지를 더럽히며 자유롭게 언덕을 쏘다니길 원했다. 뭔가를 심고 무언가 길러내는 법을 배우고 싶어 했다. 낮에 땀 흘려 일하고 밤에 숙

면하길 바랐다.

그리하여 왕자는 왕궁을, 신데렐라는 집을 박차고 나온다. 왕자는 농부가 되고 신데렐라는 제빵사가 된다. 신데렐라는 케이크 가게를 열고 매일 아침 빵을 굽는다. 손님들과 같이 차를 마시고 이야기를 나누며 그들의 잊힌 꿈을 찾아준다. 대모 요정의 말처럼 '모두가 자유롭고 가장 자기다운 모습이 될 수 있게 돕는' 진짜 마법이 시작된다.

진짜 마법은 대모 요정도 왕자도 아닌 바로 나로부터 시작된다. 나 스스로 만든 관성에서 벗어날 때 비로소 나를 가둔 족쇄도 사라진다. 비트겐슈타인식으로 말하면 '문제는 사라질 때 비로소 해결된다'. 신데렐라는 대모 요정이 '집에서 그렇게 종일 일하고 있을 필요는 없다'고 하는 말을 듣고 비로소 집을 박차고 나오게 되는데, 그게 이렇게 간단한 일이었다는 사실에 뒤늦게 현타가 온 것 같았다. 자기만의 방을 갖게 된 신데렐라가 대모 요정에게 따져 묻는다.

"저에게 집에서 나와도 된다고 왜 진작 말해주지 않으셨어요?"

신데렐라가 물었어. 대모 요정이 말했지.

"다른 애들 돕느라 나도 엄청 바빴거든. 그러다가 너희 집이 어디에 있는지 잊어버렸어. 또 나는 사람들을 도와주지만 그러려면 일단 그 사람이 도움을 청해야 돼. 너는 무도회 밤 전에는 도와 달라고 한 적이 없잖아."•

대모 요정은 놀라운 소식도 전해준다. 신데렐라의 언니들도 집을 떠나 각자 자기가 제일 좋아하는 일을 하며 행복하게 살고 있다고. 펄리타는 미용실을 열어 사람들의 머리를 최대한 높게 올려주는 미용사가 되었고, 팔로마는 아름다운 드레스를 만드는 재봉사가 되었다. "종일 드레스를 만드는데 아름다운 드레스를 입는 것보다 만드는 게 더 즐겁다는 걸 알게 되어 무척 만족해. 둘 다 집에 가만히 앉아 아무 일도 안 하면서 삶이 시작되기를 기다리던 때로 돌아가고 싶은 생각은 없대. 지금 하는 일을 꽤 잘들 하거든."••

세 딸들은 모두 어머니의 집을 박차고 나와 비로소 '자기다운 사람'이 되었다. 그렇다면 새어머니는 어떻게 되었을까? 모든 사람이 모든 걸 누릴 수 없으니, 늘 누군가 희생하며 살아야 한다고 생각했던 새어머니. 소설 말

- • 위의 책, 36쪽.
- •• 위의 책, 37쪽.

미에 이렇게 쓰여 있다. '모두 자기다운 사람이 되었고 새어머니도 그렇게 되었어'라고.

궁금하시다면? 직접 동화책 속에서 확인해 보시길. 여기서는 다만 제빵사로 변신한 신데렐라가 자신의 원래 이름을 되찾았다는 것만 알려드리겠다. 그녀의 원래 이름은 엘라였다. 재투성이 부엌을 벗어나 자기만의 방을 갖게 된 엘라는 이제, 제빵사 엘라라고 불린다.

물고기는 어디에나 있다

상실, 집착, 무한한 힘에 대한 환상

시어머니가 스키장에 소 한 마리를 잡아 오시거나 친정어머니가 텃밭에서 허리가 기역 자로 꺾일 정도로 일하지만 않으셨더라면! 나는 음식과 텃밭에 대한 두 분의 열정을 노년의 건강한 취미 정도로 치부했을 것이다. 하지만 여기엔 분명 지나친 면이 있었다. 소소하지도 적당하지도 않은, 강박에 가까운. 그리고 이것을 잘 설명하려면 우리에게 먼저 '물고기'가 필요하다. 평생 기이할 정도로 물고기에 집착했던 데이비드 스타 조던이라는 과학자의 삶도.

과학 저널리스트 룰루 밀러가 쓴 과학 에세이 《물고기는 존재하지 않는다》는 2021년 첫 출간 이후 입소

문만으로 베스트셀러에 오른 경이로운 책이다. 기본적으로 한 인물의 삶을 추적하는 회고록의 얼개를 갖추고 있는데, 신기하게도 읽고 나면 한 편의 다큐멘터리 픽션이나 추리소설을 읽은 것 같다. 물론 약간의 난이도는 각오하는 게 좋겠다. 진화, 분기학, 우생학 등 최신 과학 이론과 성정체성, 소수자 인권, 다양성과 연대 같은 사회적 이슈에 대해 평소 관심이 있었다면 허들 없이 읽을 수 있다. 하지만 《스토너》같은 책을 인생 책으로 꼽는 이들이라도 충분히 즐길 수 있다고 단언한다. 삶의 의미를 집요하게 밀고 나가는 저자의 사유가 웬만한 철학책 못지않은 묵직한 울림을 주기 때문이다.

저자는 어린 시절 과학자인 아버지 밑에서 특별한 가르침을 받고 자란 과학도다. 그녀의 아버지는 가족과 학생들에게 헌신적인 생화학자였지만 가끔 실험 뒤 버려지는 생쥐 간 따위를 집으로 가져와 맛을 보기도 하는 괴짜였다. 일곱 살쯤 되던 해 여름휴가. 그녀는 숙소 앞에 펼쳐진 습지와 바다의 광활함을 바라보다가 불현듯 아버지에게 물어본다.

"아빠, 인생의 의미가 뭐에요?"

쌍안경 너머로 하얀 새를 관찰하던 아버지는 잠시

한쪽 눈썹을 올리는 듯하더니, 이윽고 씩 웃는 얼굴로 돌아서며 딸에게 말한다.

"의미는 없어. 신도 없어. 어떤 식으로든 너를 지켜보거나 보살펴주는 신적인 존재는 없어. 내세도, 운명도, 어떤 계획도 없어. 그리고 그런 게 있다고 말하는 사람은 그 누구도 믿지 마라. 그런 것들은 모두 사람들이 이 모든 게 아무 의미도 없고 자신도 의미가 없다는 무시무시한 감정에 맞서 자신을 달래기 위해 상상해 낸 것일 뿐이니까."•

아버지는 과학자들의 보편적인 신념—인간은 이 광활한 우주에 비하면 작은 점 하나에 불과한 지구에 사는, 동물과 별반 다를 것 없는 미미한 존재라는 사실—을 딸에게 가르치고 싶었을 것이다. 하지만 '이 세상에 의미는 없으며, 너 또한 중요하지 않다'는 잠언은 이후 그녀의 가슴에 인장처럼 새겨진다. 학창 시절 남자아이들로부터 놀림을 받을 때. 어렵게 시작한 첫 연애에 실패하고 자신이 모든 걸 망쳤다고 자책할 때. 그녀는 스스로에게 속삭인다. 나는 지구라는 행성에 홀로 떨어진 먼

• 룰루 밀러, 《물고기는 존재하지 않는다》, 정지인 옮김, 곰출판, 2021, 54쪽.

지에 불과하다. 그리고 인생의 무의미와 자신에 대한 혐오가 차오를 때마다 그녀는 수시로 수면제와 권총의 유혹을 느낀다.

그렇게 모든 것이 무질서한 열역학 제2법칙에 따라 흘러가는 것 같던 어느 날. 데이비드 스타 조던이 그녀의 주의를 끌었다.

데이비드 스타 조던(1851~1931). 인류에게 알려진 어류 5분의 1에 이름을 지어준 분류학자이자 전 스탠퍼드 대학 초대학장. 미국 대학 몇 곳이 그의 이름을 딴 건물을 헌정했을 만큼 자신의 분야에서 뚜렷한 족적을 남긴 인물이다. 그는 평생 기이하리만큼 성공적인 삶을 살았다. 그의 인생엔 좌절이 없었던 게 아니라 실패가 없었다. 평생 모은 자신의 물고기 표본이 화재와 대지진으로 두 차례나 바닥에 내동댕이쳐지는 상황 속에서도 그는 불굴의 의지로 일어났다. 자신의 절친한 동료가 탐험 중 급사했을 때도, 가장 사랑하던 딸 바버라가 성홍열로 죽었을 때도 그는 침상에 오래 머무르는 법이 없었다. 자신의 아내가 폐렴으로 사망했을 때도 금방 털고 일어나 자신의 학생 중 하나와 결혼했다. 그는 한마디로 낙천성의 방패를 온몸에 두른 사람이었다.

룰루 밀러는 궁금했다. 자신이 하는 일이 효과가 있을 거라는 확신이 전혀 없을 때도 어떻게 그는 계속 자신을 이 세상에 던지며 나아갈 수 있었을까. 그 비밀을 알게 된다면 자신이 경험한 이 혼돈과 무의미의 삶에 대항할 어떤 처방을 발견할 수 있을지도 모른다는 희망을 품었다. 그리고 그의 삶을 추적하기 시작한다. 그러니까 내가 이 책 첫 챕터-저자가 이 물고기 박사의 어린 시절을 묘사한 한 구절을 읽다가 내 어머니들의 기이한 열정을 해독할 단어를 발견한 것은 순전히 우연이다.

데이비드가 물고기를 자신의 평생의 업으로 삼기 전, 그는 어린 시절부터 유명한 수집광이었다고 한다. 부모님을 도와 옥수수 껍질을 벗기던 어느 가을 저녁. 그는 불현듯 천체의 이름과 의미에 관한 강렬한 호기심을 느낀다. 본문에 의하면 '밤하늘에 혼란스럽게 흩어져 있던 별들이 마치 그가 질서를 부여하고 알아내야 할 어떤 대상처럼' 그에게 다가왔다. 8세 때 별자리 지도책을 손에 넣은 그는 5년 만에 별들의 이름을 모두 익히고 나서 자신의 미들네임을 Starr라고 짓는다. 이후 그의 관심은 다시 자신을 둘러싼 땅들의 지도와 꽃들의 학명으로 옮겨갔다. 세상이 계몽과 대항해 시대를 지나 이국적인 세계에서 가져온 표본과 진기한 수집품에 대해 시들해져가는 동안에도 숨어 있는 보잘것없는 것들에 대한 그의 관심은 더욱 높아졌다.

그는 회고록에서 그때를 이렇게 묘사한다. 밤하늘에 어지럽게 흩어진 별들에게 질서를 부여하고 이름 모를 꽃의 학명을 큰소리로 발음하면서 '그 이름들이 내 입술에 얹힌 꿀'처럼 느껴졌다고. 그는 꽃의 이름을 명명할 때처럼, 물고기에게 새로운 이름을 하나씩 붙일 때마다 도취의 감정을 느꼈음에 분명하다. "혀에 닿는 그 달콤한 꿀, 전능함에 대한 환상, 그 사랑스러운 질서의 감각. 이름이란 얼마나 좋은 위안인가."•

결정적으로 내 시선을 끈 것은 그의 수집에 대한 열정이 강박으로 변해가던 순간을 콕 집은 부분에서였다. 수집에 대한 데이비드의 강박은 어린 시절 영웅이었던 형 루퍼스가 발진티푸스로 사망한 이후 더욱 필사적이 되었는데, 심리학자들은 이렇게 분석했다. 수집가들의 수집 습관은 모종의 박탈 혹은 상실 혹은 취약성이 발생한 후 급격히 심각해지는 경우가 많은데, 그 이유는 무

• 위의 책, 89쪽.

언가를 새롭게 수집할 때마다 수집가에게는 폭발적인 도취감을 주는 '무한한 힘의 환상'이 흘러넘치기 때문이라는 것이다.

무언가를 모으고, 이름 붙이기. 그것은 수집가로 하여금 무한한 힘의 환상에 빠지게 하고, 그 질서로부터 위안과 안정감을 얻게 한다. 어떤 것에 대한 지나친 강박을 '상실, 수집, 위안'이라는 키워드로 설명한 그 단어 앞에서 나는 내 어머니들이 떠올랐다. 음식과 텃밭. 어딘지 필사적이고 억척스러웠던 그 너머에 맴돌던 애잔한 강박의 그림자. 그것은 잃어버린 어떤 것에 대한 감각이었다. 결혼과 동시에 자신의 이름을 잃고 누군가의 아내, 아이의 엄마로 살았던 여자들의 삶. 그 어딘가를 관통하는 이름이었다.

10개월 동안 뱃속에 품었던 아기를 처음 안았을 때, 그것은 얼마나 완벽했던가! 그에게 이름을 지어주고, 그에게 젖을 먹이며 나는 얼마나 황홀했던가. 그 어린것이 내가 해준 음식을 먹고 날로 팔다리가 쭉쭉 길어지고, 옹알이를 하고, 산과 바다와 운동장을 누빌 때. 한글을 떼고 공을 굴리고 모범상을 받아올 때. 그 성장을 지켜보는 일은 내게 꿀처럼 달콤했다. 이 어린것들을 위해서라면 희생의 제단 앞에 내 모든 것을 다 바쳐도 하나도 아깝지 않았다. 이대로 지금처럼만 자라준다면, 어린 적 무한했던 가능성 그대로 완벽하게 날아오르리라, 이름을 드높이리라, 어쩌면 잃어버린 내 이름도 되찾아줄지도 모른다고, 기대했던가.

하지만 사춘기와 갱년기를 지나며 우리는 알게 된다. 자식은 내가 생각했던 것처럼 자라지 않고, 내 이름이 다시 불릴 일도 없을 거라는 걸. 사춘기를 지난 아이는 마치 저 혼자 큰 것처럼 넓은 세상을 찾아 훨훨 날아가버리고……. 어느 날 돌아보니 텅 빈 둥지 옆에 나 혼자 덩그러니 남겨져 있다.

여자들이 자기 이름을 잃어버리고 산 것은 어제오늘 일이 아니다. 지난 반세기, 아니 지난 2천 년 동안 여자들은 자기 이름의 재산을 소유하지 못했을 뿐 아니라 자기 이름의 직업을 갖지도 못했다. 그 모든 게 전복되기 시작한 게 불과 150여 년밖에 안 된다. 1~2차 세계대전을 거치며 전 세계 기존 질서가 뿌리째 흔들리자 여자들도 비로소 남자들과 똑같이 밖으로 동원되었다. 공장에서 폭탄을 제조하고 비행기를 운전했다. 남자들이 할 수 있는 일 중 여자들이 못 할 일은 없다는 것을 알게 되었다.

그리고 지난 몇 세기 동안 여성들의 지위는 비약적으로 상승했다. 하지만 여자들이 바깥으로 진출하는 동안 남자들은 안으로 들어오지 않았다. 여자들은 남자들과 똑같이 배우고 똑같이 대학에 들어가 똑같이 회사에 취직했지만, 결혼을 하고 나서야 비로소 깨닫는다. 여자들은 남자들과 똑같이 '바깥일'을 하고 나서도 집에 들어오면 여전히 전통적인 '안사람'의 역할도 도맡아 해야 한다는 걸.

어떤 여자들은 그 불합리와 생고생을 안팎으로 억척스럽게 버텨냈다. 하지만 그중 일부는 나와 나의 어머니처럼 집에 들어앉았다. 지금 세계사에 유례없는 대한민국의 낮은 결혼율과 출산율은 나와 어머니를 보고 자란 딸들, 하지만 우리처럼 바보같이 살지 않기로 작정한 똑똑한 여자들이 바깥일을 선택하기 위해 무엇을 포기했는지를 보여주는 데이터다.

음식과 텃밭. 그것은 물고기의 또 다른 이름이었다. 이름을 잃은 여자들이 인생의 후반전에 이 혼돈과 무질서를 바로 잡기 위해 애쓰던 안간힘. 물고기는 어디에나 있었다. 내 어머니에게도. 그리고 지금 내 안에도.

그곳에 여자들이 있었다

경단녀 재취업 잔혹사

10여 년 맞벌이 생활을 접고 회사를 그만두었을 때. 더 이상 아이를 어린이집에 밀어 넣지 않게 되어 좋았다. 울부짖는 아이 목소리를 뒤로 한 채 도망치듯 출근하지 않아서 좋았다.

느긋하게 아침을 먹고, TV 맞은편 소파에 앉아 도라에몽에 심취한 아이는 행복하다. 유치원 차가 올 때까지 나는 아이 허벅지를 베고 눕는다. 눈앞에 아침 햇살을 받아 발그레 한 아이 발가락 열 개가 보인다. 도 레 미 도 미 도 미…… 도레미송을 부르며 앙증맞은 그것들을 마음껏 희롱한다.

하원길. 유치원 버스에서 내리는 아이를 등에 업고

집까지 걸어오는 길은 또 얼마나 행복하던지! 살포시 잠이 든 아이가 내 품에 꼭 안긴다. 아이의 작은 숨이 오르락내리락한다. 나는 아이를 업고 계절의 변화가 선명한 뒷길을 일부러 크게 돌아 집으로 돌아온다. 네 곁에 있어줄게. 다신 등 떠밀지 않을게. 내 등에 매달린 어린것의 온기가 따듯하다.

집에 돌아와 잠에 취한 아이를 눕히고, 그 옆에 잠시 같이 몸을 말고 눕는다. 오후 3시가 넘어가는 시간. 말간 얼굴이 노곤해진 오후 햇살 아래 노랗게 물들었다. 매일 봐도 질리지 않고 어여쁘기만 한 너의 눈, 코, 입을 하나둘 훑어 내려가다 보면 뒤척이던 아이가 이내 몸을 틀어 저 편한 자세로 돌아눕는다. 엄마의 투정이 시작된다. "에이, ○○야, 엄마 싫어? 돌아누우면 엄마 삐친다." 잠결에 얼버무리는 아이 목소리. "아니야 엄마 이거 어부바야. 내가 엄마 어부바해주는 거야."

세상에나. 다섯 살배기가 어떻게 이런 말을! 나는 어린것의 그 말에 경탄하며 다시 팔을 둥글게 말아 아이를 안는다. 아니, 아이에게 업힌다. 아이의 뒤통수에 얼굴을 비빈다. 내가 기억하고 또 기억하지 못하는 모든 유년의 결핍이 충족된다.

그런 아이 얼굴에 어느 순간부터 붉은 여드름이 하나둘 올라오고, 다리에 털이 숭숭 나고, 정수리에서 남자 냄새가 솔솔 풍기기 시작했다. 밥 먹는 모습을 3초 이상 쳐다보면, 바로 찌릿 하고 반격의 눈빛이 날아왔다. "쳐다보지 마." 조금만 더 먹으라고 한마디 했을 뿐인데 "엄마는 뚱뚱해서 좋아?"라는 소리나 들어야 했다. 어느 날은 도저히 이건 아니다 싶어 아들에게 작심하고 열변을 토해본다.

"너 이렇게 자꾸 식탁에서 핸드폰만 보고, 밥 먹을 때 말고는 얼굴 볼 일도 없는데 엄마가 뭐 좀 물어보면 귀찮아하고. 자꾸 그러면 너 나중에 결혼하고 네 색시랑 어떻게 하려고 그래? 어?" 색시랑 뭘 어떻게 한다니? 도대체 무슨 말이 하고 싶었던 게냐! 말은 또 왜 이렇게 버벅거리고! 쯧쯧.

하지만 역시 호기로운 내 아들! 개떡 같은 엄마 말을 어찌나 찰떡같이 잘 알아먹고는 이렇게 대답한다. "그건 그때 가서 그 여자랑 내가 알아서 잘할게요. (그러니 엄마 너는 이제 나에게 그만 신경 끄셔도 됩니다.)"

변명의 여지가 없었다. 아이가 어렸을 때는 돌봄이라는 구실이라도 있었지. 사춘기를 지난 아들은 더 이상 엄마 손을 필요로 하지 않았다. 필요한 건 돈이었다. 내 아들이 다른 집 애들보다 꿀리진 않게, 국어 논술에 사탐까지는 못 보내도 영수 학원 정도는 보낼 수 있게 〈스카이 캐슬〉처럼 천만 원짜리는 못 받더라도 70만 원 입시 컨설팅이라도 받게 하려면 돈이 필요했다. '학원비 벌러 다시 나가진 말자'라고 했던 빛나던 맹세는 이렇게 속절없이 땅에 떨어졌다. 친구가 학원에서 글쓰기 알바를 권했을 때 나는 친구를 따라나섰다.

그리고 그곳에 여자들이 있었다. 나처럼 아이 때문에 집안에 들어앉았다가 다시 나온 여자들. 한때 남편과 똑같이 밖으로 나가 어깨를 겨루었지만, 육아 때문에 한 사람이 그만둬야 한다면 그건 여자인 나일 거라고 생각해서 집안에 들어앉았던 여자들. 이제 우리의 남편들은 오십을 전후로 서서히 퇴출 수순을 밟고 있었고, 시대가 바뀌어서 하필 그들 주변에는 남자보다 더 잘 버는 여자를 아내로 둔 직장 동료도 있었다. 그러다 보니 남편들은 슬슬 아내를 밖으로 등 떠밀기 시작한다. 맞벌이할 때는 들어와 아이나 잘 키우기 바랐던 시어머니도 며느리가 좀 나서서 아들의 경제적 부담을 나눠 지길 은

근히 바라신다. 어머니들 입에서 카페를 차려서, 창업을 해서, 부동산으로 돈 번 수완 좋은 며느리, 본인이 학생 비자를 받아서 아이들 데리고 캐나다로 조기유학을 가는 똘똘한 며느리들의 무용담이 쏟아져 나온다. 그러면 나같이 수완 없는 여자들은 한숨이 저절로 새어 나온다. 이제 와서 나보고 어쩌라고!

    조부모의 재력과 남편의 무관심에 기대 자식 외국으로 유학 보내놓고 해외나 들락거리며 살 줄 알았던 그런 여자들이 알바의 세계로 흘러나온다. 카운터와 서빙과 편의점과 패스트푸드점과 물류 같은 최저 시급의 세계로. 닥치는 대로. 그 가능한 가짓수 중에 아이 키우며 내가 하던 일, 돌봄의 연장선에서 가장 자연스럽게 주어지는 일들이 바로 어린이집과 요양원과 학원이었다. 내가 학원을 선택하게 된 건, 그게 책을 다루는 일이고 내가 회사 다닐 때 해오던 일과 제일 비슷해 보였기 때문이다. 어쩌면 이런 워딩도 가능할까? 육아로 인해 경력이 단절된 나 같은 여자들이 그나마 다시 세미 정장이라도 입고 출근할 수 있는 선택지. 그곳이 바로 학원이었다고.

    정말 웃긴 건, 학원비 벌러 뒤늦게 노동시장에 뛰어든 우리 여자들 사이에서도 보이지 않는 이상한 서

열이 존재한다는 것이다. 시간당 최저시급은 똑같은데도, 학원 알바가 다른 것보다 좀 더 '번듯해 보이는' 이상한 착시 현상이 그것이다. 애들 앞에서도 서빙이나 물류에서 아르바이트한다는 말은 좀 주저하게 되지만 학원에서 아르바이트한다는 말은 버퍼링 없이 바로 흘러나왔다. 공부하는 사람에 대해 가지는 이상한 후광 효과와 엘리트 프리미엄. 그것이 뒤늦게 학원비 벌러 나온 엄마들 사이에서도 어떤 서열을 나누며 존재하고 있었다.

이제부터 하려는 이야기는 지난 2년간 내가 잠시 엿본 학원 업계의 실상이다. 경기도 일대 군소 학원에서 보낸 지극히 사적인 경험일 뿐이지만, 나에겐 우리나라 사교육 시장에 해부 현미경을 들이대고 세포 단위로 확대 관찰한 것 같은 시간이었다. 올해 30조 원에 육박한 대한민국 사교육 시장은 대치동과 돼지엄마들과 스타 강사들만 떠받들고 있는 게 아니었다. 경기도 이하 지방 소도시에서 1티어 시장을 목표로 오늘도 부지런히 매진하고 있는 중소학원 원장과 강사들.

그리고 집안에 들어앉았다*가 학원비 벌러 다시 집 밖으로 나온 우리 같은 여자들이 함께 떠받들고 있었다.

- '집안에 들어앉았다'라는 표현이 혹 맘에 걸린다면, '내'가 왜 이 표현을 '문제'로 여기는지 심층을 들여다보는 게 좋겠다. 우리가 통칭 '집안일chore'이라고 하는 것을 허드레스럽지 않다고 말하려면 상당히 무리하게 몸을 구부려야 한다. 한 아이를 돌보기 위해 동원되는 씻기고 입히고 먹이고 청소하고 교육을 시키는 일은, 집 밖으로 나왔을 때는 모두 각각의 전문적인 일이 된다. 하지만 그것들이 집안에 잡다하게 머물러 있을 때 그것은 사전적 정의처럼 '별로 중요하지 않지만 매일 반복하는 하찮은 일'이 된다. 해도 티 안 나고 안 하면 티 나는 일. 그동안 수많은 여자들이 기를 쓰고 밖으로 진출할 동안 왜 남자들은 집안으로 들어오지 않았을까. 왜 엄마들은 딸들에게 '너는 나처럼 살지 말라'고 억척스럽게 공부를 시켰을까. 집안일. 필수 불가결하고 무엇보다 중요하다고 입을 모아 칭송하지만, 왜 여태 그림자 노동 그 이상으로 제대로 평가받지 못했을까.

카트리네 마르샬의 《잠깐 애덤 스미스 씨, 저녁은 누가 차려줬어요?》에 의하면, 사회가 가사노동의 가치를 인식하고도 오랫동안 GDP에 포함하지 않은 이유가 있다. 그럴 필요 자체가 없었다는 거다. GDP라는 것이 작년 대비 올 한 해 어떤 산업군이 성장하고 쇠퇴했는지 그 변동 수치를 반영하는 건데, 사회에서 수행되는 가사노동의 양은 거의 항상 동일하기 때문에 반영할 필요 자체가 없었다는 것. 그래서 당시 경제학자들 사이에서는 이런 농담이 있었단다. "남성이 자기 가사도우미와 결혼하면 그 나라의 GDP가 감소하고, 자기 어머니를 양로원에 보내면 GDP가 상승한다." 가사노동 자체가 얼마나 오랫동안 형체 없이 존재해왔는지 보여주는 예이자, 우리 사회에 부지불식간에 깔려 있는 돌봄과 가사 노동에 대한 오랜 폄하를 보여준다.

집안일에 대해서라면, 예전엔 당연히 전업주부와 가사노동의 가치를 제대로 인정해주어야 한다는 것에 초점을 맞췄더랬다. 하지만 그사이에 시대가 너무 빨리 바뀌고 있다. 이제 몇 년 안에 AI가 집안일에 개입하기 시작하면, 지난 100년간 손빨래에서 세탁기로 바꿔놓은 패러다임에 못지않은 대혁명을 가져올 것이 분명하다. 게다가 요즘 젊은 부부들은 다들 똑똑해서 바깥일뿐 아니라 퇴근 후 집안일과 양육 모두 똑같이 분담하며 살고 있다며? 귀성길 운전까지 남편과 아내가 몇 킬로씩 나눠서 한다고 들었다. 그러니 전업주부들의 집안일에 대한 자부심은 앞으로도 더 정당하게 평가받기 요원해질 거라는 게 내 생각이다.

끝없이 경주하는 기형 토끼 세 마리

사교육 카르텔 신화의 빛과 그림자

학부모였을 때 학원은 필요악이었다. 학원은 학교가 파하자마자 놀이터에서 뛰어놀아야 할 아이들을 다시 의자에 주저앉혀 몸을 비틀게 하는 곳이자, 학문에 대한 아이들의 호기심의 싹이 자라기도 전에 일찌감치 흥미를 고갈시키는 곳. 하지만 집에 오자마자 방안에 처박혀 게임이나 하고 있는 아이를 지켜보는 것보다는 낫고, 나중에 뒤늦게 아이가 공부라는 걸 하겠다고 했을 때 영수 정도는 미리 해둬야 하니 보내지 아니할 수도 없는 곳. 나는 돼지엄마처럼 사교육에 발 빠르게 올라타지도, 학생 인권과 공교육 정상화를 위해 적극적으로 노력하지도 않는 애매한 엄마였다. 나중에 아이로부터 '엄마 때문에'라는 원망을 듣지 않을 정도로만 사교육과 공교육 사이에 적당히 발을 걸쳐 두고 살았다.

교육 서비스 제공자로서 학원업에 다시 몸담으면서 알았다. 30조 대한민국 사교육 시장, 그 거대한 카르텔을 견인하고 있는 것은 비단 대치동의 학원가와 돼지엄마들의 비정상적인 욕망만이 아니라는 것을. 능력주의와 무한 경쟁의 쳇바퀴 속에서 학부모와 학생들의 불안을 동력 삼아 거대한 소비 시장을 이룬 학원 신화의 또 다른 한 축에 우리 같은 중소 학원 종사자들이 있었다.

친구를 따라 학원으로 흘러들어왔을 때. 앞서 그곳에 나처럼 집안에 들어앉았다가 다시 나온 여자들로 가득했다고 말했던가. 이 문장에 MSG를 살짝 치면 다음과 같은 워딩이 가능해진다. 그곳엔 나처럼 내 아이를 어쩌지 못해 밖으로 나온 여자들로 가득했다.

거칠게 말하면, 집안에선 내 말일랑 씨알도 안 먹히는 내 아이 때문에 밖에 나와 그나마 선생님 말이라면 듣는 척이라도 하는 다른 집 아이 가르치러 나온 엄마들 천지였다. 내 아이는 못 보낸 스카이 대학에 남의 아이라도 보내보고자. 내 아이를 위해 지난 10년간 갈고닦은 입시 정보와 필살기도 아깝던 차, 나와보니 이게 돈이 되네? 그렇게 입시학원에 나와 번 돈으로 뭘 하느냐. 다른 집 아이 가르쳐 번 돈으로 내 자식 학원비를 충당하고 있었다! 남의 집 엄마들이 나처럼 열과 성의를 다해 내 아이를 이끌어주길 바라는 간절한 마음의 소원을 담아서 말이다.

어느 날 이 사실을 확인하고 난 우리는 서로의 얼굴을 바라보며 이렇게 냉소하고 말았다. "그럼 우리 서로 품앗이하고 있었던 거야?"

가사노동이 GDP에 적극적으로 반영되지 못한 원리를 소환해보자. "남성이 자기 가사도우미와 결혼하면 그 나라의 GDP가 감소하고, 자기 어머니를 양로원에 보내면 GDP가 상승한다." 이 문장에 사교육비를 대입해보면 다음과 같은 문장이 성립된다. "엄마가 집에서 자기 아이를 가르치면 사교육비가 감소하고, 엄마가 학원으로 출근하면 사교육비가 상승한다."

다행히 이 문장은 우리 엄마들의 학원비를 마치 정신 나간 여자들의 치맛바람 정도로 생각하는 우리 남편들의 불안도 조금 일소시켜준다. 우리 여자들의 사교육비는 당신들이 벌어온 월급을 기반으로만 작동하지 않는다. 학원비는 우리 여자들끼리 서로 원원하고 있는 것에 가깝다. 게임이론으로 치자면 넌 제로섬 게임. 사교육 시장의 상당 부분이 일종의 거대한 품앗이 루프를 형성하고 있으며, 집안에서 형체 없이 존재하던 엄마표 품앗이 교육이 집 밖으로 나와 거대한 산업군을 이루게 되었다.

학교 다닐 때 전교에서 놀던 A는 결혼 및 출산과 더불어 집안에 들어앉는다. 하지만 기저귀를 뗀 아이는 어느 순간부터 벽을 잡고 일어서더니 가나다 한글 벽그림에 관심을 보이기 시작한다. 전두엽과 편도체에 동시에 불이 깜빡인다. 아이와 결이 맞는 옆집 꼬맹이 하나를 데리고 급히 한글 공부방을 연다. 영어 동화책을 읽어주고 수학 문제집을 풀린다. 곧 동네 엄마들 사이에서 A의 집이 공부 맛집이라는 소문이 돈다. 온 동네 아이들이 A의 공부방으로 몰려든다. 식탁과 건넌방 하나로 공간이 비좁아지자 동네 상가로 옮긴다. A가 학원에서 벌어들이는 수입은 곧 남편이 벌어다 주는 수입의 서너 배를 웃돈다. 주변에서 A의 공부법과 커리큘럼에 대한 찬사가 쏟아진다. 동네 학원으로 남기엔 너무 아깝다고 함께 브랜드를 만들어보지 않겠느냐는 제안이 들어온다.

브랜드 빌드업을 위한 기획 자문단이 꾸려진다. 로고와 브랜드 콘셉트와 자격증과 수익 구조 등 사업 운영을 위한 노하우가 논의된다. 블로그와 SNS로 홍보하는 마케팅 컨설팅이 붙는다. 브랜드를 론칭하자 전국에 가맹점이 문어발처럼 생겨난다. 사업이 물이 오르자 대학을 막 졸업한 A의 아들이 슬그머니 어머니를 돕기 위해 기획팀에 합류한다. 학원을 물려주기 위한 후계자 빌드업이 아니냐는 소문이 돈다. 집안에 들어앉았다 나온 나 같은 여자들이 A의 학원에서 알바를 시작한다. 최저 시급을 받고 일하며 제2의 A를 꿈꾼다. 1년쯤 뒤 가맹점을 차려 나간다. 우수 가맹점과 우수 원장이 되기 위해 열심히 경쟁한다.

남자들과 똑같이 배우고 똑같이 사회로 진출했으나 육아 때문에 다시 집안에 들어앉은 여자들. 전통적으로 자식 교육은 여자의 일이고 잡다한 집안일 중 그나마 가장 번듯해 보이는 일이었기에. 우리는 교육을 위해서라면 내가 가진 모든 자원을 그러모은다. 학원비 벌러 학원에 나간다. 그 욕망이 학원을 중심으로 한 지금의 대한민국 사교육 카르텔을 견고하게 떠받들고 있었다.

좋은 대학과 좋은 성적을 위해 혈안이 된 학부모. 그들의 불안을 매개로 빈틈없이 설계된 입시학원과 유능한 강사 시스템. 강남의 학원가 진입을 목표로 이들을 벤치마킹하며 지금도 각종 공부법과 커리큘럼을 확대 재생산하고 있는 전국 중소 프랜차이즈 학원. 이들은 다시 입시 컨설팅과 홍보 마케팅과 어쩌면 학원 옆 정신의학과까지. 학원을 중심으로 모두 단단히 결속되어 있었다.

그 욕망이 들끓는 곳에서 2년을 보낸 후 나는 알바를 그만두었다. 수순대로라면 가맹점을 차려 나와 학원장이 되어야 했지만, 그러지 않았다. 어쩌면 나도 다른 여자들처럼 단절된 경력을 다시 이어 붙이며 인생의 후반전을 학원장으로 다시 살 수도 있었을 것이다. 하지만 나는 그 세계에 안착하지 못했다.

실크로드의 옛 도시인 둔황 근처의 한 석굴에 가면, 천장 높은 곳에 서로 귀를 공유한 토끼 세 마리 그림이 있다고 한다. 세 마리 토끼가 모두 앞 토끼를 바라보며 달려가는 동심원 형태의 문양인데, 놀랍게도 영국 중세 교회의 스테인드글라스나 독일 중세 수도원의 종, 이란의 청동 그릇에서도 똑같은 토끼가 발견된다고 한다. 이들 토끼들은 언뜻 보면 몸 하나에 귀 두 개를 가진 정상

토끼처럼 보인다. 하지만 눈을 가늘게 뜨고 자세히 들여다보면 토끼 하나에 귀가 달랑 하나씩 밖에 안 달려 있다. 토끼들이 좁은 공간에서 서로의 탐스러운 엉덩이만 바라보며 한 방향으로만 달리다 보니 귀가 중앙의 동심원에 몰리면서 생긴 일종의 트래픽 잼인 셈이다.

토끼의 엉덩이는 무척 탐스러웠지만, 역시나 나는 엉덩이에 문제가 많은 사람이었다. 남들처럼 앞만 보고 성실하게 달려야 하는데, 나는 늘 사방을 두리번거리며 살았다. 내 눈엔 30조 사교육 시장을 떠받드는 그 토끼들 모두 기형 토끼였다. 그렇게 밤잠 안 재우고 서로 채찍질해봐야 인서울이나 겨우 할 거였다. 4년제 대학 나와봐야 남들 다 원하는 대기업에는 겨우 몇 프로나 들어갈 거였다. 원치 않는 과에 점수 맞춰 들어갔던 애들은 중소기업이 자기 수준이 안 맞다며 곧 다니다 나올 거였다. 그렇게 어렸을 때부터 경쟁과 우열로 줄 세우는 학교에서 일찌감치 체념을 배워버린 청년들이 이렇게나 많이 집안에 은둔하고 안 나올 거였다.

나는 왜 이렇게 많은 사람들이 오직 대학만 바라보며 자기 자식을 학원에 밀어 넣고 오늘도 무한 뺑뺑이를 시키고 있는지…… 도무지 이해할 수가 없었다.

자긴 맨날 돈 안 되는 것만 하고 살더라

이토록 무용하고 써먹을 데 없는 책 읽기

하루 4시간, 한 달에 100만 원. 세미 정장을 번듯하게 입고 나가 책 읽기와 신문 분석과 글쓰기의 노하우를 전수하고 나머지 시간은 카페에 앉아 아이들이 쓴 글을 첨삭해주었다. 2년 동안 매일 신문을 읽으며 블록체인과 메타버스와 챗GPT라는 새로운 세계의 도래에 경탄하고, 스페이스 X의 계속된 도전과 누리호의 성취를 함께 축하했다. 내가 뭐라고 0.7명대로 내려온 대한민국 출생률과 우매한 독재자들이 일으킨 지구 곳곳의 전쟁과 기후 위기를 걱정했다. 줄기세포와 유전자 가위 같은 과학의 발전은 얼마나 눈이 부신지, 바이러스 변이쯤 곧 퇴치할 것도 같았다.

가장 좋았던 건 최신 동향과 지식을 업데이트하면서 비로소 다시 세상과 접속하고 있다는 기분이었다. 육아하며 세상과 저만치 멀리 떨어져 살았던 내가 다시 세상의 흐름에 발맞춰 가고 있다는. 덜컥 무슨 일이 생기더라도 택배나 서빙이나 캐셔 같은 낯선 것을 새로 배우지 않아도, 여차하면 내 한 몸은 내가 벌어 살 수도 있겠다는. 내게 익숙한 일을 하면서 최소한의 돈벌이는 할 수 있을 거라는 안도감.

하지만 세상에 쉽게 벌리는 돈이란 없었다. 세상 모든 밥벌이는 고단하다. 내가 좋아하는 일을 하면 좀 덜 힘들고 좀 더 재밌을 줄 알았는데 그렇지 않았다. 돈으로 환원되는 그것은 속성상 어떤 모양이든 돈을 주는 이의 틀에 나를 맞추고 어느 정도 스트레스를 견뎌야 한다. 문학 평론가 김현식으로 말하면 '유용한 것은 유용하다는 것 때문에 인간을 억압한다'.•

• "문학은 써먹을 수가 없다. 그렇다면 도대체 문학은 무엇을 할 수 있는가? 문학은 권력으로 가는 지름길이 아니며 부를 축적하게 하는 수단도 아니다. 그런 의미에서 문학은 써먹는 것이 아니다. 그러나 역설적이게도 문학은 써먹지 못하는 것을 써먹고 있다. 서유럽의 한 위대한 지성이 탄식했듯이 우리는 문학을 함으로써 배고픈 사람 하나 구하지 못하며, 물론 출세하지도, 큰돈을 벌지도 못한다. 그러나 문학은 바로 그러한 점 때문에 인간을 억압하지 않는다. 인간에게 유용한 것은 대체로 그것이

가장 불편했던 게 뭘까 생각해보니, 아이들 앞에서 내가 내 모습 그대로 서지 못하는 게 제일 힘들었다. 얘들아 이 책 얼마나 재밌는지 몰라. 이 책을 읽으면 세상을 읽는 넓은 안목을 가지게 될 거야. 너는 네 자신을 이해하고 표현하는 데에 능숙해질 거야. 너의 문해력이 향상될 거야. (그럼 너는 시험에서 좋은 점수를 받게 될 거야).

하지만 이미 6시간 이상 학교에서 공부하고 온 아이들은, 이제 몇 시간쯤 놀이터에서 뛰어놀고 싶은 아이들은, 이곳에서 책을 읽고 쓰고 나면 다시 수학 문제를 풀러 학원에 가야 하는 아이들은…… 나처럼 책을 좋아하지 않았다. 세상을 알고 싶어 하지 않았다. 자신을 표현하고 싶어 하지 않았다. 몸을 비트는 아이들을 다시 제자리에 앉혀 어르고 달래는 게 나에겐 너무 어려웠다. 나처럼 책을 많이 읽고 글을 잘 쓰게 되면 좋은 대학에 가고 좋은 기업에 들어가서 잘살게 될 거라고 말할 수 없었다.

결정적으로 나는 별로 행복하지 않았다. 내 인생이 언제부터 불행해졌는지, 그 불행은 어디로부터 연유되

유용하다는 것 때문에 인간을 억압한다." 김현, 《한국 문학의 위상》, 문학과지성사, 1996.

었는지, 이 불행이 정당한지 묻고 싶어서 읽고 쓰기 시작한 내가. 이 나이 먹도록 왜 살아야 하는지, 인생엔 어떤 의미가 있는지, 나 자신에 대한 질문에조차 제대로 대답하지 못하고 살고 있는 내가. 지금 누굴 가르친단 말인가. 그들 앞에서 나처럼 살면 행복해질 거라고 거짓말할 수 없었다.

결정적으로 고3이었던 아들이 대학을 가는 대신 알바를 하며 스스로 돈을 벌기 시작하자 돈벌이의 동력을 상실했다. 그렇게 나는 다시 내가 가장 좋아하고 편안해하는 독서 모임의 자리로 돌아왔다.

명절을 갓 지나고 만난 독서 모임. 한 멤버가 시댁에서 형님과 나눈 이야기를 풀어놓았다. "형님이 요즘 뭐 하고 지내느냐고 물으시길래 '독서 모임 하며 지내요'라고 했더니, 형님이 대뜸 뭐라시는 줄 알아?" 일제히 다음 말을 기다리는 우리를 향해 그녀는 이렇게 말했다.

"자긴 맨날 돈 안 되는 것만 하며 살더라."

부럽다는 건지, 한심하다는 건지 잘 모르겠는, 형님이 결혼 후 내내 맞벌이를 해오고 있었다는 것 말고는 아무것으로도 설명되지 않는 그 말 앞에 우리는 그날 살짝 분개하고 말았다. 매일 아침 밥벌이하러 나가지 않아도 어찌어찌 살아지는 사람들에 대한 부러움이었을까. 그렇지 못한 자신의 팔자에 대한 한탄이었을까. 하지만 밖에 나가 돈을 벌어오지 않는 여자는 '집에서 논다'라고 생각하는 가부장의 그것과 맥을 같이 하고 있는 것만은 틀림없는 그 말. 정작 형님의 목소리는 '차 한잔 할래?'처럼 담담했고, 표정에도 악의는 보이지 않았다고 했다.

그러게. 나는 왜 이렇게 매번 돌고 돌다가도 돌아오는 자리가 이곳일까? 읽고 쓰는 일 따위, 아무 데도 써먹을 수 없는 이것에. 부모님 임플란트 하나 해드리지 못하고 외벌이 하는 남편의 짐 하나 덜어주지 못하는. 보란 듯이 아들 잘 키운 노하우를 전수하는 것도 아닌. 나는 왜 이렇게 생겨먹었고 세상은 왜 이렇게밖에 굴러가지 못하는지 맨날 징징거리는. 이 무용하고 써먹을 데 없는 이것에 왜 매번 관성처럼 돌아오는 것일까.

나도 잘 모르겠다. 애쓰지 않아도 저절로 그렇게 된다. 어머니들은 늘 내게 이렇게 말했다. (특히 내가 바닐라라테를 5천 원이나 주고 사 먹을 때마다!) "한 푼 두 푼 모아봐래이. 통장에 돈 쌓이면 올매나 재미있는지 모른데이." 옆집 엄마들도 다들 어찌나 재주가 좋은지, 열심히 벌어 열심히 쓴다. 돈 벌리는 게 눈에 보이고, 하면 벌리니 아니할 수 없다고 했다. 하지만 나는 전혀 그렇지 않은데 어쩌랴. 책을 읽고 나면 또 다른 책이 보이고 또 다른 작가가 보인다. 새로운 세상과 새 작가를 만나는 것이 제일 재밌고 책을 빌리러 도서관에 달려가는 순간이 제일 좋다. 돈 버는 사람도 그렇다며? 돈이 벌리면 힘이 들어도 모르겠다며? 나에겐 책이 꼭 그렇다. 읽어야 할 책이 책상에 수북이 쌓이는 스트레스는 아무리 쌓여도 힘들지 않다.

소녀 시절엔 그냥 책이 좋았고, 젊은 시절 책은 내 돈벌이 수단이었다. 아이 사춘기와 내 갱년기를 지나면서는 울고 싶을 때마다 책을 읽었다. 책을 읽을 때만큼은 비로소 내가 나를 돌보는 느낌이 들었다. 데이비드 스타 조던에 의하면 나는 '멍게나 따개비 같은, 한 자리에 기생해 살아가는 퇴화한' 인간, 가진 것을 투자해 더 많은 것을 증식하지 않는 사람, 사회의 진보나 발전에 기여하지 않는 사람이다. 하지만, '유용하지 않다는 것 때문에 아무도 억압하지 않는' 이 일이 나는 좋은데, 어쩌란 말인가.

따뜻한 햇볕이 내리쬐던 어느 날 한 늙은 어부가 잠을 자고 있었습니다. 관광객이 바닷가를 거닐다 할아버지가 자는 모습을 보았어요. 해가 중천에 있는데도 계속 잠만 자는 할아버지가 이상해서 이렇게 물었답니다.

"할아버지, 고기잡이 안 나가세요? 해가 저렇게 높이 떴는데."

그러자 할아버지는 눈을 슬며시 뜨면서 말했지요.

"벌써 새벽에 한 번 다녀왔네."

관광객과 할아버지의 대화는 계속 이어졌습니다.

"그럼 또 한 번 다녀오셔도 되겠네요."

"그렇게 고기를 많이 잡아 뭐 하게."

"아, 그럼 저 낡은 배를 새것으로 바꿀 수 있잖아요."

"그래서?"

"아, 그럼 새 배로 더 많은 물고기를 잡을 수 있고요."

"그러면?"

"그렇게 되면 더 큰 배를 사고 사람도 더 많이 고용할 수가 있지요. 그럼 더 많은 돈을 벌 테고."

"그렇게 벌어서 뭐 하려고?"

"그럼 공장도 세우고 또 더 많은 돈을 벌 수 있지요."

"옳지. 그러고 나면 뭘 하지?"

"아, 그렇게만 되면 할아버지는 더 이상 일하지 않아도 되고 편안하게 누워서 지내실 수 있지요."

"지금 내가 바로 그렇게 잘 지내고 있다네."•

• 하인리히 뵐의 '어느 어부 이야기', 고병권,《생각한다는 것》, 너머학교, 2010, 22~24쪽.

울지 않을 땐 책을 읽는다

그렇게 쓴 글 대부분이 출간되지 않더라도

나는 다른 어떤 것도 원하지 않았고

그는 어떤 것도 거절하지 않았다.

내가 나의 전부를 그것에 바치자

그 막강한 상인은 내게 미소 지었다.

브라질?

그는 내 쪽은 돌아보지도 않은 채

단추만 빙글 돌렸다.

그런데 부인, 우리가 보여드릴 만한

다른 건 더 없나요?

18세기 중반 미국의 은둔 시인 에밀리 디킨슨이 쓴 〈막강한 상인The Mighty Merchant〉. 독서 모임에서 '어린 시절 추억의 명작'을 테마로 선택한 책《키다리 아저씨》를 읽다가 만난 시다. 주인공인 주디의 영어 시험에 에밀리 디킨슨의 이 시가 출제되었는데, 참 이상하기도 하지. 무슨 말인지 하나도 모르겠는 이 시에서 눈길이 떨어지지가 않았다.

막강한 상인이라니? 이 여자는 자신의 전부를 무엇에 바친 걸까. 상인은 왜 빙글거리며 그녀에게 미소 짓는 걸까. 브라질? 이중부정에 도대체 화자는 몇 명인지. 의식의 흐름을 따라 들락거리는 내레이션. 나는 시에 대해서 잘 모르고 이제껏 해석 안 되는 시가 이것만도 아니었는데, 정말 이상한 경험이었다. 며칠 동안 '막강한 상인'이 너무 궁금해 인터넷을 쑤시고 다녔다. 막강한 상인을 잘 해석해내고 싶어 도서관을 훑었다.

그런 내가 좋았다.

《키다리 아저씨》를 읽던 몇 년 전 밴드에서도 나는 웃고 있었다. 열아홉 고아 소녀가 자신의 후견인에게 조잘조잘 늘어놓는 100년 전 대학 생활 이야기의 어디가 그렇게 재밌었던 걸까요 하면서. 그러게. 고아 소녀가 대학에 들어가서 돈 많고 잘생긴 남자를 만나는데, 그 남자가 하필 '고아'라는 자신의 약점까지 다 커버해주는 남자였다는, 이렇게 뻔하디뻔한 신데렐라 스토리의 어디가 나는 그렇게 좋았던 걸까. 당시 밴드에 그 이유가 써 있었다.

"신기하게도 읽는 내내, 한동안 잊고 있던 어떤 감성 같은 게 밀려왔어요. 결혼을 하고 아이를 키우며 늘 뒷전에 밀리다 어느새 메말라버린, 오롯이 '나'에게 속한 어떤 것에 대한. 마당이 있는 전원주택, 단단하고 듬직하게 자란 아이들 따위 말고요. 이젠 다시 가져보지 못할 거라 생각했던 대학 캠퍼스랄지, (아이들 저녁 메뉴 걱정 없이) 내리 앉아 책을 읽을 수 있는 도서관 자리랄지, 다시 글을 써보고 싶다는…… 그런 종류의 열망 같은 것이."

아, 그때의 나는 그게 좋았던 거구나. 내 안에 아직 그런 열망이 남아 있어서.

아이에서 시작해 아이로 끝나던 10여 년의 세월 동안 나는, 세상에서 저만치 떠밀려 있었다. 결혼 전 내가 아무리 별 취향과 목적 없이 살았다 해도, 그래도 그 삶의 중심엔 내가 있었다. 나만 생각하며 살았던 내가

10년간 아무런 저항도 없이 온전히 누군가를 위해서 살았다니! 그뿐인가. 아이는 나의 전부를 원했다. 아무 배려도 없는 무자비한 폭군처럼. 복종을 원하는 눈먼 종교처럼. 지금 생각해보면 우상이 따로 없었다. 그만큼 아이는 황홀했고, 그 사랑은 감미로웠나니. 그 가치에 대해서라면 단 한 번도 의심해 보지 않았다.

하지만 누군가 그것이 열망이었느냐고 묻는다면 분명 그것과는 달랐다. 그건 손 쓸 새 없이 이미 주어진 운명에 가까운 것이었다. 온전히 내게 속한 것도 내 마음대로 어찌할 수 있는 것도 아니었다. 게다가 그것은 언젠가 떠나보내야만 하는, 그럼 나를 외롭게 할 것이 분명한 것. 이제 나에게는 좀 더 안전한 것이 필요하다. 내가 먼저 보내지 않는 한 헤어질 일 없는, 오롯이 나에게만 속한. 열망이라 말할 만한 그런 것이.

어느 오후 생각이 난다. 조용한 도서관에 앉아 대여섯 시간째 책을 읽는 중이었다. 그 주 독서 모임에서 선정한 책은 프랑수아즈 사강의 《브람스를 좋아하세요…》였는데, 나는 그 책의 여운이 좀 아쉬워 사강의 또 다른 책 《슬픔이여, 안녕》을 검색하다 동명의 영화를 만났다.

여주인공 역을 연기한 여자는 '진 세버그'라는 미국 여배우. 그녀는 일 년 후 또 다른 영화 〈네 멋대로 해라〉에 출연하면서 시크한 쇼트커트, 당돌함과 순수함이 뒤섞인 매력으로 일약 프랑스 누벨바그를 상징하는 세계적인 뮤즈로 떠오른다. 그녀가 활동하던 1950~60년대는 바야흐로 포스트모던이라는 초유의 난장이 시작되던 시기. 젊은이들은 모든 관습과 권위에 도전했고, 억압에 저항하고 자유를 위해서라면 거침이 없었다. 그 기운을 타고 흑인 인권과 여성 인권 문제도 정점을 찍었다. 미국인들의 바이블 《앵무새 죽이기》의 출간과 몽고메리의 '로자 파크스' 사건도 모두 이즈음의 일이었다.

링컨 대통령이 남북 전쟁을 끝내고 노예 해방을 선언했던 게 무려 100여 년 전. 하지만 미국 사회는 여전히 그 자유 선언문대로 살고 있지 못했다. 진 세버그는 백인 여배우로서는 드물게 인권, 특히 흑백 문제에 깊이 몸을 담갔다. 흑인 인권운동 단체의 간부들과 가깝게 지내며 그들의 활동을 물심양면으로 지원했다. 당시 미국 정계는 미국판 매카시즘의 광신이 한차례 불고 지나간 직후였고 흑인 인권운동의 양상은 복잡했다. 우리가 잘 아는 온건파 마틴 루서 킹부터 과격파 맬컴 엑스까지 들끓었다.

이 용광로 한가운데에서 여배우가 자기 목소리를 내는 것은 당연히 위험을 감수한 일이었다. 미국 정부 눈에 이 여배우의 행보는 정치적으로 이용되기에 딱 좋았고, 곧 그녀의 사생활을 좇는 FBI의 도청과 감시가 따라붙었다. 그다음은 뻔한 할리우드 스캔들의 문법을 따라간다. 그녀가 남편 로맹 가리와의 사이에서 낳은 아들이 흑인이었다는 둥, 알코올 중독과 실종과 자살로 이어지는 루머와 가십의 재생산.

나는 이렇게 무한 확장되는 책 읽기의 속성에 단번에 매료되었다. 정말 세상엔 죽을 때까지 읽어도 될 만큼 많은 책이 있었다. 책 속에는 죽을 때까지 알아도 다 알지 못하는 세계가 있었다. 그 세계는 막강한 상인처럼 버티고 서서 나에게 미소를 보냈다. 네까짓 게 내게 도전해보겠다고? 그 세계는 나를 충동하고 동시에 나를 안심시켰다. 적어도 그 세계 안에서라면 나는, 내가 아는 노인들처럼 남은 시간 동안 뭘 할지 모른 채 외롭게 남겨질 일은 없을 것 같았다. 게다가 이 여행은 내게 아무것도 요구하지 않았다. 숙소를 예약하기 위해 눈이 빨개지도록 검색할 필요도, 빠듯한 생활비를 쪼개 여행 경비를 마련할 필요도 없었다. 그저 검은 활자를 따라가며 호기심의 반딧불만 반짝이고 있으면, 시시각각 시공간의 어떤 제약도 없이 시작되는 무중력의 여행. 나는 그저 이 즐거운 조류에 몸을 맡기기만 하면 되었다.

책을 통해 다시 세상과 접속했다. 잃어버린 세계와 조우했다. 읽기가 쌓이자 쓰고 싶어졌다. 쓰기 시작하자 내 안의 목소리들이 입을 얻었다. 입가에만 맴돌던 의미들이 글자라는 몸을 입고 선명해졌다. 내 안에 오랫동안 얼어붙었던 무언가 미세한 균열을 내며 조금씩 녹아내렸다.

프랑스가 사랑하는 시인이자 에세이스트인 크리스티앙 보뱅의 《작은 파티 드레스》는 읽기와 쓰기에 대한 아포리즘으로 가득한 아름다운 산문집이다. 시인은 여자들의 읽기와 쓰기에 잘 알고 있는 남자다. 그가 읽고 쓰는 삶에 대해 찬사 하는 방식 끝엔, 하루 종일 육아에 지친 여자의 피로가 묻어 있다. 시인이 관찰한 여자들은 하루 종일 장을 보고 아이를 씻기고 아이 공부를 봐주고 다시 저녁상을 치운 뒤에야 비로소 식탁에 앉아 글을 쓴다.

여왕이 될 거라 기대했던 소녀는 사랑에 빠져 결혼

하고 아이를 낳고, 이제 부엌에서 재투성이의 삶을 살고 있다. 생명을 기르는 일은 숭고하지만 그건 소녀를 죽이는 일이기도 하기에. 무사히 이곳에 존재하긴 해도, 그녀는 날마다 자신 안의 무언가가 꺼져감을 느낀다. 이게 다야? 인생은 겨우 이 정도뿐이야? 소녀를 버리고 차라리 여인으로만 살면 편하련만. 그녀 안에는 여전히 갈망하는 어린 소녀가 남아 있다. 그런 그녀가 고단한 하루의 끝. 피로 위에 앉아 글을 쓴다. "온갖 색깔의 노트에다, 온갖 피로 만들어진 잉크로. 밤늦도록 언어 속에 머무른다."•

하루 종일 누군가의 쓰임으로 살았던 자신을 내려놓고, 무용하지만 비로소 나답다고 느껴지는 내가 되어 글을 쓴다. 백색의 종이 위로 언어들이 춤을 추기 시작한다. 죽었던 그녀의 노래가 되살아난다.

영원 앞에 나와 앉은 가난한 여자. 나는 그렇게 오늘도 노트북 앞에 앉는다. 이렇게 쓴 글들은 대부분 출간되지 않을 것이다. 그래도 좋았다. 읽고 쓰는 동안 나는 울지 않았다. 읽고 쓰는 동안 나는 비로소 내가 되었다.

• 크리스티앙 보뱅, 《작은 파티 드레스》, 이창실 옮김, 1984Books, 2021, 83쪽.

집? 집은 쉬는 곳이지

결혼의 빛이 꺼져갈 때 우리는

결혼 전 남편의 그런 점이 좋았다. 단단한 대지 위에 굳게 서서 절대 흔들리지 않는 사람. 그는 약속하면 무슨 일이 있어도 지킬 사람이었다. 반면 나는 쉽게 마음을 주고 마음이 다하면 돌아보지 않는 사람. 마음이 식었는데 이러저러한 이유로 그걸 붙들고 있는 건 나 자신은 물론 상대방도 속이는 일이다. 지금 생각해보면 당시 나의 사랑법은 포스트모던과 나이브 사이를 오가는 종류였던 것 같다. '너 때문에 살았다'는 의무와 책임에 묶인 내 부모 시대의 사랑에 대한 반항이자, 시간을 두고 의미를 쌓아가는 성숙함과는 거리가 먼, 미성숙한 사랑. 후회한다는 건 아니다. 그건 치기 어린 젊은 시절에나

가능했던 사랑이기도 하기에. 그 시절에 대해서라면 지난 몇 해 동안 사춘기 아들에게 매일 버림받으며 남몰래 용서를 구했다. 당시 내 감정이 다했다고 살점 끊어내듯 이별을 통보했던 남자들에게.

그때 내 감정에만 취해 당신의 감정을 헤아리지 못했던 미성숙한 나를 부디 용서해주시길.

융의 무의식 용어인 아니마(남성 안의 여성성)와 아니무스(여성 안의 남성성) 이론에 의하면, 우리는 그 시절 그가 '나와 달라서' 좋았다! 내가 모르는 음악과 영화에 대한 소양이 있어서. 나는 수포자여서 한 번도 관심 가져보지 못한 물리와 우주에 대해 그가 눈빛을 빛내며 설명하는 모습이 좋아서. 나와 다른 부모와 가정환경과 기질과 경험을 가진 그가 부러워서. 나와 다른 그의 세계에 매혹되었다.

융에 의하면 우리는 자신과 다른 대극 혹은 부족분을 서로를 통해 통합하며 연애를 하고 결혼을 하고 있었던 셈인데. 그렇게 거창한 이론 운운하지 않더라도, 남녀의 첫 만남에 대한 이야기는 온통 한 인간이 다른 인간을 통해 얼마나 완전한 인간이 되길 열망하는지 충분히 증명하고도 남는다.

문제는 그렇게 대극에 이끌려 사랑에 빠졌던 우리가, 서로의 대극을 합일하여 온전한 사랑을 이루어야 할 우리가, 그 대극 때문에 나중엔 미치고 팔딱 뛰게 된다는 것.

웬만한 걸로 흔들리지 않던 그 남자는 결혼하고 아이가 둘이 되어도 변하지 않았다. 싱글 때처럼 야근을 했다. 제발 10시까지만 들어와 아이 하나라도 맡아 재워달라는 내 부탁을 귀담아듣지 않았다. 내가 한 손으로 세 살배기 아들의 오줌통을 받쳐 들고 다른 한 손으로 갓난쟁이 아이를 가슴에 안아 젖을 먹이는 동안. 그래서 아, 나는 더 이상 여자도 아니구나, 그저 수유와 배설이 한 몸에 기능하는 생존 기계구나 하며 집구석에서 홀로 그를 기다리다 원망하는 일이 반복되는 동안. 그는 변하지 않았다.

여느 날처럼 퇴근하자마자 달려와 두 아이 먹이고 씻기고 입히고 안 자겠다고 보채는 아이를 간신히 재우고 멍하니 식탁에 앉아 있던 나. 그날도 11시가 다 되어 퇴근해 들어온 남편에게 물었다.

"당신은 집이 어떤 곳이라고 생각해?"

"집……? 집은 쉬는 곳이지."

나처럼 텅 빈 동공을 한 그가 아무런 표정 없이 이렇게 대답했다.

아이 둘을 키우며 맞벌이하던 당시 남편은 지금과 똑같았다. 그는 늘 집 밖에서 전력을 다하는, 대한민국에서 제일 열심히 일하는 사람이었다. 그는 하루 종일 밖에서 육체와 영혼 모두를 탈탈 털린 채 집에 들어왔다. 자신의 쓸모를 이미 150% 이상 모두 밖에서 소진하고 들어온 껍데기. 그 앞에서 나는 더 이상 따져 묻지 못했다. 그 잘난 회사는 당신만 다니냐고. 육아에 있어선 왜 나만 맨날 디폴트여야 하냐고. 묻지 못했다. 그는 그저 공부만 잘하면 성공할 줄 알고 키워진 대한민국 여느 가부장 집 둘째 아들에 불과했고, 나 역시 맞벌이가 무엇인지 모르고 덜컥 두 아이를 낳은 대한민국 평범한 30대 여자였을 뿐이었다. 그리고 그 시절은, 그와 나 모두 너무 바빠 서로 두들겨 고치고 살 만큼 여유가 없었다.

맞벌이와 육아에 지치고 지쳐 어느 날 사표를 내겠다고 했을 때도 그는 '너 좋을 대로 하라'고 했다. 자신이 좀 더 육아를 돕겠다고, 우리가 자리 잡을 때까지 조금 더 버텨달라고 했다면, 그때 내가 그리 쉽게 사표를 냈을까. 그저 나 좋을 대로 하라니. 여태 나는 해도 되고 안

해도 그만인 이 일을 그렇게 죄책감으로 가지고 죽을 듯이 하고 있었던 거구나. 나 좋으라고?

너는 너 좋을 대로, 나는 나 좋을 대로. 더 이상 합일이랄지, 함께함의 의미를 찾지 못하자 더 이상 버틸 이유도 찾지 못했다. 이제부턴 생존이다. 나부터 살고 볼 일이다. 그렇게 나는 '취미 생활' 따위 걷어치우고, 그에게 생계를 떠맡기고, 집안에 들어앉았다.

남편은 돈을 벌어오고 자동차를 관리한다. 나는 아이를 돌보고 집안일을 한다. 여행을 가게 될 때도 마찬가지. 내가 내 짐과 아이 짐을 싸면, 남편은 자신의 가방을 꾸렸다. 한때 캠핑을 다닌 적이 있는데, 남편은 그때도 전실까지 갖춘 6~8인용 텐트를 혼자 쳤다. 그 일은 '본인의 일'이기도 했지만, 내가 어설픈 각도로 폴을 잡고 있거나 헐겁게 매듭짓는 것 자체를 못 견뎌 했다는 게 더 옳은 말일 거다. 남편은 제대로 하는 일을 좋아했다. 나는 늘 내가 제대로 해내지 못할까 봐 자신이 없는 사람이었다.

혼자 하는 일은 얼마나 편한가. 내가 원하는 대로 뭐든 할 수 있다. 상대방으로 인해 내 의도가 손상되거나 왜곡되지 않는다. 혹 그 일의 결과가 좋지 않더라도, 나 혼자 짊어지면 된다. 네가 중간에 이렇게 변경하자고 해서 그르쳤다고 속으로 탓할 필요도 없다. 내 치부가 드러나더라도 나 혼자만 알면 된다. 얼마나 말끔한가.

그에 비해 함께 하는 것은 얼마나 구차한 일인지. 나보다 더 잘 알지도 못하는 상대는 늘 자기가 옳다. 내가 아무리 내 경험과 객관적인 데이터를 들이밀어도 꺾이지 않는다. 심지어 왜 너는 맨날 내 얘기만 안 듣냐며 기분 나빠 한다. 그러다 예전에 결론 나지 않은 채 끝났던 비슷한 일이 떠올라 사태가 악화된다. 실랑이가 길어진 사이 최선이라 생각했던 선택을 놓치고, 그가 벌여놓은 일을 수습하기 위해 번거로운 일에 말려들기도 한다. 얼마나 지저분한가.

서로의 자리에서 각각 자기 일을 책임감 있게 해내는 것. 톱니바퀴처럼 착착 맞아떨어지는 그 일은 아름답다. 하지만, 틀렸다. 이제는 안다. 적어도 내가 아는 훌륭한 육아서, 부부관계와 인간관계를 서술하는 책에서는 그렇게 얘기하지 않는다. 서툴더라도 함께 할 것. 그 과정을 소중히 여길 것. 부족하기 때문에 서로 용납하는 관계로 나아갈 것.

한동안은 살 만했다. 삶에 절대분의 여유가 생기자, 남편에 대한 미움도 좀 가시는 듯했다. 하지만 함께하기를 버리고 합일을 이루지 못한 우리의 문제는 첫째 아이가 사춘기를 맞을 때쯤 고스란히 다시 불거졌다. 싸움을 피하며 살았던 우리는 아이 사춘기 문제에 있어서도 잘 싸우는 법을 몰랐다. 싸워본 적이 없어서 소위 싸움의 근육이랄지 탄력성 같은 게 없었다. 싸우면 끝일까 보아 시작하지 못했고, 어쩌다 시작한 싸움은 곧 빈정이 상해 서둘러 마무리되었다. 건강한 부부들처럼 싸우고, 회복하고, 서로에 대한 감을 익혀가는 그 메커니즘이 우리 안에 자리 잡지 못했다.

어느 날 싸이월드를 정리하는데, 첫 아이를 낳고 육아휴직 기간에 짬짬이 기록한 짧은 글이 있었다. 그렇게라도 기록하지 않았으면 영영 몰랐을 남편의 모습.

2006.01.28. 마음 〉

나: ○○가 밤새 땀을 많이 흘렸네. 베갯잇이 다 젖었어.

남편: 그래? 이리 줘. 내가 오늘 빨래 한번 돌릴게.

어느 날 아침 나는 이렇게 아무렇지도 않게 쑥, 던진 남편의 한마디에 감동을 한다. 언제라도 몸을 일으킬 준비가 되어 있는 그 말 한마디에.

어느 집 남편 이야기던가. 싸이월드에 내가 쓴 것이 분명한 그 일기장 속 남편은 육아로 지친 나를 위해 욕조에 따듯한 물을 받아주던 남자였고, 아기 똥이라도 찍어 먹을 준비가 되어 있는 남자였다. 첫 아이가 태어났을 때 밤새 울어대던 아이를 배에 얹고 재워주던 자상한 남자. 하지만 둘째 아이가 태어나고 3개월 만에 내가 다시 복직했을 때, 그 남자는 더 이상 없었다.

> 2008.10.30. 퇴근하려는데 〉
> 퇴근하려는데 그에게 전화가 왔다. "오늘 나 일찍 들어가니까 서둘러 오지 않아도 돼. 예비군 훈련 왔거든."
> 여느 때 같으면 반가웠을 그 멘트가 아무렇지 않았다. 그가 저녁에 아무 연락 없이 집에 들어오지 않게 된 이후부터다. 그것이 나에 대한 배려 없음이 아니라 그의 일이 너무 바쁘기 때문이며, 여차

하면 나는 집에 들어앉을 사람이고, 궁극적으로 생계를 이끌 사람은 남편이라는 것을 머리로 너무 너무 이해해 버리게 된 이후부터이다. 그의 무심함에 깨끗이 마음 비웠듯, 나는 이제 그의 호의에 움직여지지 않게 되었다.

그때부터였을 것이다. 내가 그의 눈을 쳐다보지 않게 된 것이. 저녁마다 그를 기다리는 일마저 그만두게 되자 싱글일 때도 몰랐던 외로움이 덜컥덜컥 밀려들었다. 함께여서 더 외롭다는 말이 뭔지 알게 되었다.

유전자의 농간, 우상의 시간

나는 수유와 배설을 동시에 기능하는 생존 기계

외로워서 누군가를 원하지 않았다. 결혼을 꼭 해야 한다고 생각하지도 않았다. 남편이나 가정에 대한 환상도 없었다. 자식? 내 아이가 생기기 전까지 나에게 아이란 사랑스럽다기보다 다소 번거로운 쪽에 가까웠다. 이런 내가 누군가와 만나 사랑에 빠지고, 결혼을 하고, 아이를 쑥쑥, 그것도 아들을 둘이나 낳아 시부모님 품 안에 안겨드렸다. 커리어를 버리고 집안에 들어앉았다. 그러니 내가 어느 날 한 손엔 오줌통을, 다른 한 손엔 젖먹이를 붙이고 앉아 '아 나는 이제 수유와 배설을 동시에 기능하는 생존 기계구나' 생각했을 때. 리처드 도킨스의 《이기적 유전자》를 떠올린 건 매우 자연스러운 일이었다.

내 인생 기획에는 없었던 이 모든 게 유전자 탓이었다. 이제껏 내 삶의 주인은 나인 줄 알았는데 아니었다. 인간 종의 번식이라는 지상 최대의 과업을 위해 나를 생존 기계 삼아 이 세상에 씨를 퍼트리고 있는 이놈, 이기적 유전자의 농간이었다!

오해는 이것만이 아니다. 나는 내가 남편의 남성다운 외모와 똑똑하고 유능한 바이브와 매사 여유롭고 자신감 넘치는 태도 때문에 한눈에 반한 줄 알고 있었지만, 아니었다. 진화적 관점에 의하면 결혼 적령기 암컷이었던 나는 운명처럼 남편에게 빠져든 게 아니라, 내 새끼 잘 키워줄 좋은 수컷을 염두에 두고 그를 선택했다. 이 남자와 결혼하면 그가 내 새끼에게 그의 외모와 두뇌와 좋은 성품을 물려줄 것이고 그가 내 새끼를 위해 그가 가진 모든 자원을 아낌없이 지원해줄 거라는 고도의 계산하에 계획된 것이다. 금사빠인 내가? 아니, 내 안의 위대하신 유전자님께서! 나도 모르는 사이 내 안의 유전자가 그린 큰 그림 안에서 나는 그저 그의 목적을 수행하는 생존 기계였던 것이다!

딱히 틀린 말도 아닌 것이, 결혼하고 얼마 지나지 않아 우리는 모두 알게 된다. 이 남자는 더 이상 내가 알던 그 남자가 아니라는 것을. 결혼 전 어떻게 하면 내 마음을 얻을까 하며 전력투구하던 그 남자는 없었다. 기실 그 남자는 연애하기 전 본연의 그 남자로 돌아갔을 뿐이건만. 그 사실을 나만 모르고 있었다. 연애할 때 누구보다 특별한 커플이었던 우리는 결혼을 하며 누구보다 평범한 부부가 되었다. 그러다 덜컥 아기가 들어선다!

10개월 후. 남편들은 곧바로 찬밥 신세로 전락하고, 우리 여자들은 어딘지 남편을 닮은 듯 다른 이 완벽하게 아름다운 작은 인간과 다시 사랑에 빠진다. 죽음보다 강하다는 모성 본능에 사로잡혀 평생을 눈먼 그로기 짝사랑 상태에서 헤어 나오지 못한다. 그 사랑은 얼마나 격렬하게 우릴 사로잡는지, 죽을 때까지 자식과 얽히고설켜 어떤 경우 잘못된 애착이 애증이 될 때까지도 뭐가 잘못되었는지 모른다.

그리하여 운명의 장난인지 유전자의 농간인지 모를 우리 사이에도 아이가 태어났다. 남편과 결혼하고 임신했을 때 솔직히 외모 쪽으론 전혀 기대하지 않았다. 내 얼굴은 작고 갸름한데 남편 얼굴은 크고 둥근형이라 어떤 조합이 나올지 전혀 상상이 가지 않았다. 하지만 아들이 태어나자마자 나는 알았다. 세상에서 가장 잘생긴 아기 얼굴의 조합이란 바로 '작고 갸름한 얼굴(여)+크고 둥근 얼굴(남)' 조합이라는 걸!

눈을 감고 자는 아들의 얼굴은 《강아지똥》의 주인공과 꼭 닮았고(어쩜 이렇게 귀엽니!), 아들이 눈을 뜨면 천지가 개벽하듯 뒤통수에서부터 환한 아우라가 뻗어나왔다(정말 눈이 부셨다!). 디즈니 애니메이션 〈인어공주〉의 에리얼이 인간으로 변신하며 얻게 된 그 볼륨감 넘치던 곡선은 내 아들의 다리와 발을 모델로 한 것이 틀림없었다. 심지어 기저귀를 갈기 위해 두 다리를 들쳐 올리면 그 아래 세상에서 가장 완벽한 동그라미가 숨어 있었다. 《똥이 풍덩》이라는 그림책에서 본 완벽한 똥구멍이! 머리끝부터 발끝까지 눈, 코, 입 어느 것 하나 사랑스럽지 않은 것이 없었다.

누가 이 완벽한 생명체에 반하지 않을 수 있을까. 너와 함께한 두 번째 유년은 또 얼마나 눈부셨던가. 나는 너를 통해 유년을 다시 살았다. 두 번째 유년엔 내가 못다 한 모든 것을 너에게 주고 싶었다. 산과 들로 뛰어다니며 진달래꽃을 따 전을 부쳐 먹고, 생강꽃을 물에 우려 차를 달여 마셨다. 쇠뜨기를 똑똑, 떼어 레고 놀이를 하고 아이가 뺨을 풍선만큼 부풀려 목련 잎에 바람을 불어넣는 것을 흐뭇하게 바라보았다. 파도를 향해 온몸으로 내달리던 너의 단단하고 그을린 어깨. 낙엽 더미와 눈밭을 구르며 깔깔거리던 너의 웃음소리. 깊은 물속에 자맥질하다 수면 위로 돌고래처럼 솟구치는 너. 매 순간 눈부셨던 너의 모든 것을 나는 기억한다.

그리고 사춘기가 시작되었다. 아이는 내가 가장 좋은 것으로 차린 식사를 마다하고 편의점의 컵라면으로 끼니를 때우기 시작했다. 애써 맞춰놓은 스케줄을 함부로 꼬아놓고, 태권도 형아들에게 배운 욕을 입에 달고 집에 들어왔다. 이를 닦지 않고 옷을 갈아입지 않고 잠자리에 들었다. 열심히 준비해보겠다던 시험은 늘 '다음 시험부터'였다. 약속을 지키지 않았으니 핸드폰을 빼앗겠다고 하자 싸늘한 눈빛으로 날을 세웠다. 성적이 떨어지기 시작했고, 당근도 채찍도, 이성적인 조언도, 감성어린 애걸도 아무 소용이 없었다. 모든 게 나락이었다.

내가 10여 년 열심히 일궈놓은 완벽했던 세계가 무지한 폭도에 의해 훼손되는 것을 나는 눈을 뜨고 지켜보았다. 상식과 정의와 인과율이 무참히 파괴되는 구도 앞에 서서 부모인 내가 할 수 있는 것은 오직 기도뿐이었다. 신이시여 아무 자격 없는 우리를 용서하시고, 그럼에도 불구하고 은혜를 베풀어 주시옵소서. 지금 생각해보면 그건 자식과 부모가 서로에게 독립하며 반드시 맞닥뜨려야 하는 통과의례의 일종이었건만. 나에겐 한 세계가 무너져 내리는 것만큼 고통스러운 시간이었다. 왜? 나는 남편과 달리 아들과 시작부터 한 몸이었거든.

나는 아들의 엥 하는 울음소리 하나에도 배가 고프다는 건지, 기저귀가 축축하다는 건지, 놀아달라는 건지 알았다. 아니 알게 되었다. 머리끝부터 발끝까지 그의 몸 구석구석과 점과 흉터 하나에 얽힌 사연까지 다 알았다. 그가 제일 좋아하는 음식과 놀이와 색깔과 계절과 친구를 알았다. 호불호를 표현할 때 시시각각 변하는 표정을 알았다. 아플 때나 슬플 때나 즐거울 때나 모든 순간을 함께 하며 알게 되었다. 엄마라면 아들에 대해 모를 수 없었고, 그에 대해 이해하지 못할 것도 없었다. 내 모든 걸 갈아 넣어 너를 만들었으니까.

아들은 지난 10여 년간 내가 꿈꾸던 모든 것이었다. 무한한 잠재력으로 빛나는, 가장 가치 있는 것. 그게 무너져 내리고야 나는 알았다. 자식이 우상이었다는 걸. 그래서 그렇게 힘이 들었다.

"우상은 우리의 가장 집요한 감정을 보면 찾아낼 수

있다. 우리를 주체할 수 없는 분노나 불안, 낙심에 빠뜨리는 것은 무엇인가? 떨칠 수 없는 죄책감으로 괴롭히는 것은 무엇인가? 이런 우상이 우리를 지배하는 이유는 우리가 그것 없이는 삶이 무의미하다고 느껴서다."•

우상은 '저것만 있으면 내 삶이 더 의미 있어질 거라고 생각하는 모든 것' 안에 있었다. 사랑, 인정, 성취, 안전, 풍족함, 마음의 깊은 소원. 심지어 우리가 흔히 말하는 '심리적 문제'까지도 지나친 경우 우상이 될 수 있다고 한다. 완벽주의, 일중독, 만성적 우유부단, 남의 삶을 통제하려는 욕구 등은 모두 좋은 것을 우상으로 둔갑시킨 결과라는 것이다. 우상은 모든 좋은 것들 속에 있기 때문에 우리는 처음 그것이 우상인 줄 모른다. 처음에 우리는 스스로가 그것을 좇아 달려가고 있다고 생각한다. 하지만 시간이 지날수록 그것은 우리를 의지하게 하고, 종국에 우리를 잠식한다. 이 시대 자식을 향한 부모들의 과몰입을 보라. 그 가치와 욕망은 어찌나 고귀하고 열렬한지, 나중엔 그것에 질질 끌려다니면서도 뭐가 잘못된 줄 모른다. 지나치다는 걸 알면서도 멈추지 못한다.

•   팀 켈러, 《팀 켈러의 내가 만든 신》, 윤종석 옮김, 두란노, 2017, 28쪽.

지난 몇 년간 나를 주체할 수 없게 들끓게 했던 모든 감정과 욕망의 뿌리에 자식이 있었다. 자식이 우상이었다. 그걸 인정하는 데 이렇게 오랜 시간이 걸렸다.

그녀는 불행했어 그래서 사악해졌지

삼키거나 휘두르거나, 자식 잡아먹는 모성

밀란 쿤데라의 《참을 수 없는 존재의 가벼움》은 '프라하의 봄'이라 불리는 체코 민주화 운동을 배경으로, 거대한 역사 속 인간의 운명과 존재의 의미를 묻는 20세기 최고의 소설 중 하나다. 대개 에로틱한 제목 덕분에 쉽게 도전했다가 첫 두 장에서 작가가 펼쳐놓는 니체의 '영원회귀' 개념을 뛰어넘지 못해 수많은 잠정 독자들의 책장을 덮게 하는 안타까운 소설이기도 하다. 나에겐 주인공 테레자와 어머니 사이의 뒤틀린 모성 심리를 보여주는 탁월한 심리 분석서로 먼저 다가왔다.

어렸을 때부터 주변에서 예쁘다는 소리를 들으며

자란 테레자의 어머니. 그녀는 할아버지가 서너 살 때 자신에게 한 말(라파엘로의 그림 속 마리아와 닮았다)을 기억하고, 수업 시간에 선생님의 말씀에 집중하는 대신 자기가 어떤 그림과 닮았을지 궁금해하는 소녀로 자란다. 혼기가 차자 그녀 앞에 무려 아홉 명이나 되는 구혼자가 나타나 무릎을 꿇었다. "첫 번째는 가장 미남이었고, 두 번째는 가장 똑똑했고, 세 번째는 가장 부자였으며, 네 번째는 가장 운동을 잘했고, 다섯 번째는 가장 좋은 가문 출신이었고……" 고민 끝에 어머니는 가장 남성적이었던 아홉 번째 구혼자를 선택하지만, 그건 그가 가장 남성적이었기 때문이 아니었다. 사랑을 나누는 동안 그리 조심하라고 속삭였지만 그 남자는 무신경했고, 낙태해줄 의사를 제때 찾지 못한 어머니가 서둘러 그와 결혼했기 때문이었다. 열 달 후 테레자가 태어나자 어머니는 기쁨에 젖는 대신, 자신이 놓친 나머지 여덟 구혼자에 대해 생각하며 한숨지었다. 자신이 버린 여덟 명이 자신이 선택한 아홉 번째보다 모든 면에서 훨씬 더 나아 보였기 때문이었다.

그때부터 어머니는 자신의 운명을 한탄하며 이 모든 불행의 원인을 딸 테레자에게 돌린다. "너 때문에 모든 걸 희생했다"는, 우리에게도 익숙한 그 워딩. 그 후 테레자에게 모성은 희생을 의미하는 단어가 되었고, 자신이 어머니를 불행하게 만든 씨앗이라는 죄의식 때문에 독립할 나이가 되어도 어머니 곁을 떠나지 못한다.

테레자 모녀의 불행을 보여주는 에피소드 중 가슴 아팠던 장면이 있다. 테레자의 어머니가 어느 날 자기 친구들을 집으로 초대하는데 그중 하나가 테레자 또래의 남자아이를 함께 데리고 온다. 사춘기 소녀였으니 테레자도 당연히 바뀐 공기를 의식하며 그 자리에 수줍어하며 앉아 있었을 터. 하지만 그 모습을 지켜보던 어머니가 별안간 손님들을 향해 이렇게 말하는 것이 아닌가. "우리 테레자는 인간이 오줌 싸고 방귀 뀌는 존재란 걸 인정하려 들지 않아요." 그러면서 마치 화답이라도 하듯 방귀를 요란하게 뀌어대는데…… 와, 이 장면을 보면서 여자가 자기 인생에 실망하면 이렇게까지 거칠어질 수 있구나 싶어 뜨악했다.

아홉 구혼자에게 둘러싸였던 시절. 그녀는 누구보다 수줍음이 많은 예쁜 아가씨였다. 하지만 한때 그녀가 과대평가했던 것들이 빛을 잃자 그녀는 그 가치를 적극적으로 부정하는 편에 선다. 그리고 이 부분이 중요한

데, "그녀는 젊음과 아름다움이 아무런 의미가 없는 뻔뻔스러운 세계, 서로 비슷비슷한 육체와 눈에 보이지 않는 영혼이 갇혀 있는 거대한 집단 수용소 같은 뻔뻔스러운 세계에 딸도 자신과 함께 남길 고집했다."

먼 나라 체코 이야기가 아니다. 불행해서 사악해진● 이런 여자들의 이야기는 우리 주변에도 널리고 널렸다. 대개 "결혼하고 시댁에 갔는데"로 시작해 "헐"로 끝나는 이야기들.

"첫 명절에 시댁에 갔는데 마침 시어머니가 전 부칠 준비를 하고 계셨어. 내가 앞치마를 매고 부엌에 들어서자 내 앞에 전에 넣을 거라며 청양고추를 한 바가지 내미시더라. 나도 뭐 집에선 공주처럼 컸잖아. 공부만 해

● 메리 셸리의 괴기소설 《프랑켄슈타인》에 나오는 표현. 죽은 자들의 뼈를 이어 맞춰 탄생한 괴물 '크리처'는 본인의 의지와 상관없이 아버지 프랑켄슈타인 박사로부터 생명을 부여받는다. 만화와 영화에서 오마주되듯 그는 처음부터 사악한 영혼은 아니었다. 누군들 끔찍한 몰골을 한 채 태어나고 싶을까. 하지만 그는 믿었다. 이 세상이 훌륭하다면, 선량한 사람이라면, 자신의 끔찍한 외모에도 불구하고 자신의 내면의 가치를 알아줄 거라고. 그는 단지 행복한 이들과 함께 행복하고 싶었을 뿐이다. 하지만 사람들은 그의 겉모습을 보자마자 그간 그가 모습을 감추고 베풀던 호의를 배신하고 그를 혐오하며 도망간다. 그는 외로웠다. 배신감에 울부짖었다. 불행했기에 사악해졌다.

봤지 살림이라곤 해본 적 없지. 시어머니가 썰으라니 그 저 열심히 썰었지. 그러고 나서 저녁을 먹는데 손이 퉁퉁 부어서 밥숟가락을 들 수가 없는 거야. 그제서야 어머니께서 손 담그라며 설탕물을 갖다주시더라고."

"무슨 원시시대야? 처음부터 비닐장갑이라도 끼고 썰라고 하면 되는걸, 왜 아무 말을 안 해주신 거야?"

"나중에 형님한테 말씀드렸더니, 형님이 씩 웃으시더라고. 형님도 당하셨던 거지."

"일종의 신고식이었던 거구나? 헐······."

"나 아직도 못 잊잖아. 첫애 임신하고 내가 입덧을 오래 해서 정말 몸이 안 좋았거든. 하루는 어머니께서 집에 하루 다니러 오시겠다는 거야. 어떡하겠어. 부리나케 구석구석 청소하고 점심 차려놓고 기다렸지. 근데 어머니가 식탁에 앉자마자 뭘 아래로 툭 던지시더라고. 보니까 양말이야. 그러곤 이러시는 거지. 얘, 바닥이 너무 차다. 너 양말 좀 신겨라."

"뭐? 신어라가 아니라 신겨라?"

"응. 그래서 나 부른 배를 접고 어머니 밑에 쭈그리고 앉아서 발에 양말 신겨드렸잖아."

"그걸 하란다고 했어?"

"지금 같으면 안 했지. 근데 왜 사람이 전혀 예상치 못한 일을 겪으면 저도 모르게 따라 하게 되잖아."

"힐……."

그리고 이런 얘길 다시 열네댓 살 연상 선배들 앞에서 하면 바로 다음과 같은 반격이 날아왔다.

"풋, 말도 마. 나 시집오고 첫 명절이었거든? 시댁이 큰집이라 3박 4일 동안 온갖 친척들이 다 들고 났어. 생선 굽고 전 부치고 국 퍼 나르고 차리고 치우면 또다시 차리고 치우고…… 너덜너덜해진 마지막 날이었거든. 간신히 용기 내서 시어머니한테 친정 좀 다녀오면 안 되냐 했더니, 어머니가 눈을 한쪽으로 조용히 흘기더니 이러시더라. 나는 명절에 친정 가본 적 없다."

지금은 많이 달라졌지만, 우리 세대엔 아들을 남편처럼 떠받들고 며느리를 하녀처럼 부리는 시어머니 괴담이 전국 방방곡곡 지방 민담만큼이나 많았다. 그때까지만 해도 나에게 여자들의 삶은 가부장제의 구도하에서 약자나 희생자의 이미지가 강했기 때문에 갑질하는 시어머니 이야기는 말 그대로 굉장히 괴이한 것이었다. 자기가 부당한 일을 당했어. 그럼 다른 사람이 똑같은 일을 당하지 않도록 해야지. 오히려 대물림을 한다고?

 그 도식 안에서 내게 가장 기이했던 것은 약자인 줄 알았던 그들에게 '힘이 있다'는 사실이었다. 그들의 힘은 불합리한 시스템 안에 잠시 억눌려 있었을 뿐. 질량 보존의 법칙처럼 사라진 게 아니라 잠시 다른 모양을 하고 있다가 언제라도 틈이 나면 분출할 기회를 노리고 있었다. 만만한 대상이 나타나자 그에게 자신의 불행을 대물림했다. 어머니가 딸에게. 시어머니가 며느리에게. 딸을 사로잡거나 며느리에게 휘두르거나, 아들이나 사위를 등에 업고* 불합리한 관행을 되풀이했다. 자기주장을 하거나 권력을 얻는 일에 실패한 모성일수록 자식을 통해 대리만족을 하는 경향이 더 많았다.

- 제임스 홀리스, 《남자로 산다는 것》, 김현철 옮김, 더퀘스트, 2019, 67쪽, '여성성 공포증: 내면과 외부의 여성'. 정말 안타깝게도, 헌신적 애정이 저주가 될 때가 있다. 지금까지 수많은 여성이 자신이 이루지 못한 삶을 아들을 통해 대신 이루려고 했으며, 이는 "우리 의사 아들이 말이야"로 시작되는 수많은 농담의 소재가 되었다. (…) 이런 여성들의 경우 아니무스의 발달, 곧 자기주장을 하거나 경쟁력과 권력을 얻는 등의 일과 관련된 내면의 남성성을 발전시키는 일이 그 시대의 문화가 강요하는 여성의 성역할로 인해 자주 한계에 부딪혔다. 그래서 아들을 통해 그 욕구를 대리 충족하려 한 것이다.

흔히 모성을 자애롭고 희생하는 이미지로 생각하지만, 신화 속 모성의 원형은 그렇지 않다. 주로 자궁으로 상징되는 신화 속 모성은 생물학적인 출산뿐 아니라 통과의례, 부활의 의미까지 광범위하게 해석된다고 한다. 자궁은 영웅의 탄생과 출발을 알리는 첫 출발점인데, 그리스 로마 신화 속에서 영웅들은 기이한 출생뿐 아니라 요란한 통과의례로도 유명하다. 모태(고래 뱃속 등)는 그들이 성장 과정 중 꼭 겪어야 할 시련을 상징하기도 하고, 그들이 통과해야 할 난관을 의미하기도 한다. 그들은 자궁을 벗어나며 비로소 성장한다. 죽음을 통과하여 새로 태어난다. 어른이 된다. "요컨대 신화 속 여성 원리는 단순히 부드럽고 자애로운 '어머니'만을 의미하지 않으며, 한 손에는 생명을, 다른 손에는 죽음을 쥔 양면적 존재로 순환적 시간을 움직이는 핵심 동력으로 나타난다."•

모성은 힘이 있다. 그 힘은 잘 발현될 때 훌륭한 모성이 된다. 하지만 희생적 모성이 삐뚤어지면 그 힘은 희생양을 찾는 사악한 모성이 된다. 위대한 모성은 그 칭송

• 엽전, 〈출산하는 틀라졸테오틀〉, 블로그 천의 얼굴, 2025. 8. 17., https://blog.naver.com/lljy3414/223973517976 (2025년 11월 6일 접속).

의 깊이만큼이나 더 치명적으로 자식을 사로잡을 수 있다. 자식을 너무 사랑해서 오히려 자식을 잡아먹는 모성이 될 수 있다. 그 긴장을 염두에 두지 않으면, 우리는 언제라도 기이한 힘을 휘두르는 어머니가 될 수 있다.

시어머니 괴담의 재생산

그건 도리가 아니라 갑질의 대물림이에요

딸네와 아들네를 몇 달씩 오가던 그 할머니가 장남 집에 최종적으로 똬리를 튼 것은 순전히 맏며느리 덕분이었다. 그 집 맏며느리의 고생담이라면 귀가 닳도록 들었다. 요즘 같은 때 시어머니를 자발적으로 모시겠다는 여자도 많지 않거니와 아침저녁으로 불편 없이 잠자리며, 때마다 맛깔스러운 제철 음식과 간식을 해 올리며 별난 시어머니 구미를 딱딱 맞출 수 있는 여자도 그 집 맏며느리밖에 없었다. 그 며느리로 말하자면 시댁, 친정, 주변 지인 할 것 없이 어려울 때마다 그녀가 베푸는 도움에 고마워하지 않는 사람이 없었는데. 그녀 자체가 당최 어려운 사람을 보고 챙기지 않으면 못 견디는 타입이었다. 그러니 그런 고마운 며느리를 두고 그 집 어머니가 딸들에게 며느리 욕을 시작하자 '이거 치매가 아닌가' 하는 의심이 든 것도 당연했다.

"얘, 이거 봐라. 쟤가 나 밥을 안 줘. 나를 이렇게 굶긴다. 이거 봐라, 내 배 홀쭉한걸."

"아니, 엄마, 어제도 언니가 엄마 좋아하시는 성게 미역국 해드렸다면서요. 엄마가 밥을 두 그릇이나 말아 드셨다던데."

"뭔 소리냐! 너네 올 때나 저리 잘하는 척하지, 너네 안 볼 땐……."

그런 일이 반복되고 마침내 그 집 며느리가 병원에 가서 우울증 진단을 받는 지경이 되자, 가족회의가 열렸다. 어머니를 병원에 모셔야 하는 게 아닌지 의논을 시작한 거다. 누군들 노모를 병원에 밀어 넣고 싶어 넣겠는가. 요양병원에 가고 싶다고 갈 수 있는 것도 아니다. 병원에 입원하려면 '환자'로서의 요건을 갖춰야 한다. 치매든, 퇴행성 질환이든, 노인성 질환의 기준에 해당되는 진단을 받아야 한다. 문제는, 검사를 받을 때마다 이 집 어머니의 진단은 '아무 이상 없음'으로 나온다는 것. 어쩔 수 없이 자식들은 다시 어머니를 이 집 저 집에서 몇 달씩 모시자는 결정을 내릴 수밖에 없었는데, 이번에는 결정적으로 늙은 어머니가 버텼다. 다른 자식 집에는 절대 가지 않겠다는 것이다. '밥도 주지 않고 맨날 학대하는' 며느리 곁에 꼭 붙어 떨어지려 하지 않았다.

"그래서 그 집 어떻게 됐대?"

몇 달 만에 다시 만난 지인을 통해 그 집 소식을 들었을 때 나는 그만 깜짝 놀라고 말았다.

"글쎄, 어머니가 그렇게 버티니 다른 집에 갈 수도 없고, 결국 낮 동안 돌봄도우미를 불렀지. 너도 알다시피 그 할머니가 오죽 별나. 도우미들이 올 때마다 할머니한테 질려서 얼마 못 버티고 그만두고 그랬대. 근데 최근에 한 도우미가 왔는데, 어쨌는지 알아?"

나는 호기심에 눈을 반짝였다.

"어머니한테 '막 하는' 도우미가 온 거야."

그 도우미는 어머니에게 맞춰주지 않았다. 어머니가 요구하는 대로 받아주지 않았다. 주는 대로 먹지 않으면 야단을 치고, 말도 안 되는 투정을 부리면 무시했다. 놀랍게도 며칠 뒤, 말끝마다 트집을 잡고 불평을 늘어놓던 어머니의 입이 잦아들었다.

몇 년 후 거동마저 어려워진 그 집 시어머니는 결국 마지막 1년을 요양병원에서 보내다 돌아가셨다. 그리고 그 집 맏며느리는 어머니가 남긴 유품을 정리하며 다시 한번 뒷목을 잡았다고 했다. 유품으로 일기장 몇 권이 나왔는데, 첫 장부터 마지막 장까지 자신을 요양병원으로 보낸 자식들에 대한 원망과 욕설로 가득 차 있었다고 했다. 그 일기장을 차마 가족들에게 보여줄 수 없었던 맏며느리는 조용히 유품을 소각했다. 어머니가 평생 아끼시던 성경 필사본과 함께.

《무례한 사람에게 웃으며 대처하는 법》이란 책에 의하면 이 사회에 비상식적인 갑질이 가능했던 이유는 '그들이 제재당해 본 적이 없었기 때문'이다. 당시 대한항공 땅콩 회항 사건으로 우리 사회 갑질 현상에 대한 관심이 높던 때라 출간되자마자 일약 베스트셀러가 되었던 이 책에서 저자인 정문정 씨는 이렇게 말한다. '그들은 한 번도 제재당해 본 적이 없었기 때문'에 그런 일을 벌인다. 그 사람의 지위가, 그 사람이 누려온 권위가 아무도 그에게 '잘못되었다'라고 말하지 못하게 했기 때문에, 그는 잘못인 줄 모르고 그 짓을 반복한다고. 부끄러움을 모르는 금쪽이가 되었다고.

시어머니뿐이 아니다. 선배 A는 젊은 시절 고생만 하시던 어머니가 불쌍해 효도 좀 하려고 모셨는데, 온 식구가 얼마나 떠받들었던지, 그 무지런하시던 진정어머니가 이제는 본인이 쓴 휴지 한 장도 그 자리에 그대로 놓아둔다고 했다. 가부장 사회에서 희생자의 역할로만 바라보던 여자들의 삶은 또 다른 관계와 질서 안에서 저마다 위계를 떨치고 있었다.

신기한 건, 과거에 억울한 일을 많이 당한 여자일수록 더 많은 갑질을 해대고, 아들이 잘나갈수록 그녀들의 갑질도 더 정당화된다는 것.

여자라서 차별당하고, 하고 싶은 공부 못하고, 공장에 가서 일해서 번 돈으로 오빠 대학에 보냈어. 나는 남편한테 사랑도 못 받았어. 내 남편은 한량이어서 집안에 돈도 안 갖다줬어. 내가 고생하면서 내 아들 이렇게 훌륭하게 잘 키웠어. 근데 너는 내 아들 덕분에 고생도 안 하고 이렇게 편하게 덕 보며 사네? 그러니 지금 며느리가 자기 수발을 드는 게 너무 당연하다는 거다. 병원에 가면 한 번씩 보게 되는 왜 그런 여자들 있지 않나. 병들고 무력한 몸이 무슨 훈장이라도 되는 듯 고래고래 호령

하면서 틈만 나면 가족들을 불러대는 늙은 여자들. 그들은 간병인을 적당하게 써도 되는 일을 모두 마다하고 걸핏하면 보란 듯이 딸이며 며느리를 불러 대며 온갖 시중을 들게 한다. '도리'라는 미덕을 볼모 삼아 다른 여자들에게 갑질을 한다.

그러다 보니 어느 때부터 나는 착한 며느리들을 만날 때마다 조심스럽게 이렇게 도발하기 시작했는데. "이건 도리도, 효도도 아니에요. 힘을 가진 사람이 자기보다 약한 사람에게 행사하는 갑질이랑 똑같아요. 좋은 며느리로 남고 싶은 마음은 충분히 이해하지만, 갑질을 계속 맞춰주는 건 어머니에게도 안 좋은 거예요. 그분의 마지막을 '주변 사람 괴롭히는 미성숙한 천덕꾸러기'로 마무리하게 하는 거잖아요."

그렇다. 이런 구도는 며느리를 부당한 힘 앞에 굴종하는 노예로, 시어머니는 부당한 힘을 휘두르는 미성숙한 어른으로 위치시킨다는 점에서 명백히 나쁘다. 갑질을 방관함으로써 위력에 영합하고 대물림하는 데 기여하게 된다. 게다가 이 갑질 메커니즘의 가장 고약한 점은, 타깃이 늘 자기보다 약한 이를 향한다는 거다. 그들에게 연대는 없었다. 바꾸려고 노력하는 대신 또 다른 여자를 희생양 삼았다. 약자가 또다시 약자를 희생양 삼았다.

우울도 자란다

미성숙이 자라 우울이 될 때

"언니, 이거 우울증 맞아?"

동네 친구 A가 자신의 인스타그램 한 토막을 보여주며 물었다. A는 지난주 아들 학원 수업이 있어서 오랜만에 강남역 근처 카페에 앉아 아들을 기다리는 중이었다. 옛 생각이 난 A는 스타벅스에서 커피 한잔을 찍어 인스타그램에 올렸다. "정말 오랜만에 강남 진출"이라고 쓴 그 글에는 순식간에 지인들의 안부 인사가 달리기 시작했다. 당장 달려가 같이 커피 마시고 싶다, 너무 보고 싶다, 그립다 등등. 그리고 몇 분 후 친구 B부터 메시지가 왔다. "너무 서운하다"는 장문의 메시지였다. A가 다른 사람의 답글에는 진한 그리움을 담은 '우는 이모티

콘'을 두 개씩 붙여놓고, 자신의 답글에는 이모티콘 없이 글만 남겼다는 것. 그러곤 그 길로 팔로우를 끊고 인스타를 차단하겠다고 했다는 거다.

우울증 친구 B에 대해 들은 것이 이번이 처음은 아니다. 이미 B는 여러 메신저 방에서 이런저런 일로 차단과 재초청을 반복하고 있었고, 꽤 오래도록 이런 행동을 받아주던 A도 이제 어느 정도 진력이 난 상태. B의 불평은 아주 평범한 채팅으로 시작된다.

"오늘 너무 밥하기 싫다."

밥하기 싫은 거야 대한민국 주부라면 하루에도 몇 번씩 입에 달고 사는 말. 밥 차림의 지겨움에 대해 몇 마디 토로가 오가고 나면, 서로의 저녁 메뉴를 묻고 하나둘 마지못해 몸을 일으켜 부엌을 향하는 그런 의례의 전초전일 뿐이다. 그도 아니면 배달 음식을 시켜 한 끼 때워도 그만. 하지만 B는 그중 늘 아무것도 선택하질 못했다. '시켜 먹으라' 하면 집에서 노는 여자가 밥도 안 하면 아이와 남편에게 너무 미안하다고 했고, '나가서 간단하게 장이라도 봐오든가' 하면 그건 또 죽기보다 싫다고 했다. B는 그런 뫼비우스 띠 같은 대화를 반복하며 A를 붙들어두었다. 배려왕 A가 자신에게 차마 모진 말을 하지 못할 거라는 걸 이미 간파하고 있기라도 한 것처럼.

그리고 그건, 내가 사춘기 때 아이와 내내 하던 실랑이기도 했다. 예민한 편인 대신 늘 선생님들로부터 공부 효능감이 좋다는 얘길 들으며 자란 아들. 그의 재능이 조금 특별해 보였던 나는 5학년 때, 옆 학교 영재 학급에 신청서를 넣었고 아이는 운이 좋게도 소정의 서류를 통과한 뒤 합격했다. 그때까지만 해도 나는 이게 어떤 문제를 낳을지 전혀 몰랐다.

토요일이 되자 아들은 7~8시간이나 되는 수업을 너무 재밌게 듣고 나왔다. 새로 배운 내용들에 흥분했고, 끝나고 나오면 눈빛을 빛내며 수업 내용을 설명했다. 기대했던 것처럼 양질의 수업이었다. 다만 영재 학급은 수업료가 없는 대신 아이들에게 학기 초에 1년 치 과제를 내준다. 연구 주제 하나를 선정해서 꾸준히 실험 및 연구를 반복한 후 2학기 말에 보고서 한 편을 작성해 내야 하는 것. 미제출 시 다음 해 영재 수업의 기회가 박탈되었다. 그리고 평상시 아이와 함께 뭔가 공부하는 그런 학구적인 분위기가 아니었던 우리에겐 그 보고서가 적잖이 부담이 되었던 것도 사실이다.

아니나 다를까. 주제를 제출해야 하는 마감일까지 아이는 주제를 정하지 못했고, 엄마인 내가 제안한 몇 가지 주제 중에서도 아무것도 선택하지 못했다. 그리고 어쩔 수 없어진 내가 아이 대신 후보 주제 중 하나를 정해 제출했던 것이 시작이었다. 한고비를 넘긴 아이는 다시 과제를 거들떠보지 않은 채 수업만 열심히 듣고 돌아왔다. 도서관에 가서 관련 도서를 찾아 아이 앞에 늘어놓아도 보고 실험 키트를 사서 들이밀어 보아도 끄떡없었다. 주제가 마음에 들지 않으면 지금이라도 다른 주제로 바꿔도 된다고 했을 때도 마찬가지. 보고서 제출일 몇 달 전과 몇 주 전에 한 번씩 과제를 상기시켜도 듣는 둥 마는 둥. 그러는 사이 시간이 흘러 마침내 결과 마감일을 몇 주 앞둔 어느 날 아이가 뒤집어졌다. 관련 키트와 자료를 만지작거리는가 싶더니 이제 와서 주제가 마음에 들지 않는다고 했다. 이미 시간이 너무 지나버려 완벽한 보고서는 어려우니 완성도를 버리라고 하자 그건 또 싫다고 울부짖었다. 나는 이미 반쯤 낙제를 각오한 터라 사실 그대로를 말해줄 수밖에 없다.

"학교에서 이 과제를 학기 초에 선정하라고 한 건 네가 오랜 시간 공부하길 바라는 거지, 단지 보고서를 제출하라고 내준 게 아니야. 그러니 남은 기간이라도 최선을 다해 공부해보고 공부한 만큼만 제출하든가. 그럴 생각이 없으면 엄마는 보고서를 내지 않는 것도 한 방법이라고 생각해."

하지만 아이는 그렇게 되면 다음번 영재 수업 기회를 잃게 되니 그것도 안 된다고 했다. 대가는 치르기 싫고, 망신도 당하기 싫고, 불이익도 받아들이지 못하겠다는 것. 아침부터 아이와 옥신각신하는 걸 듣던 남편이 출근을 하루 미루고 아이 일에 개입했다. 간신히 아이 감정을 수습하고 남은 몇 주라도 과제에 집중하여 엉성한 보고서라도 '내는 것'을 목표로 하자고 합의하며 어찌어찌 사태를 수습했지만……. 그날 이후 나는 그간 아이의 예민함 때문이라고 실랑이하던 몇 가지 일들이 어쩌면 기질의 문제가 아니라 미성숙의 문제일 수 있겠다는 생각을 하게 되었다.

우울증 친구 B는 사실 정식으로 우울증을 진단받은 환자도 아니었다. 몇 년 전부터 친구들이 그에게 조심스럽게 정신과 상담을 권했지만 B는 그 선택조차 마다한 채 고집스럽게 버텼다. 역시나 A를 통해 건너 들은

B의 배후에는 그런 자신의 불행과 한탄을 오래도록 받아주는 착한 사람들이 있었다. B는 어렸을 때부터도 습관처럼 자신의 불행을 토로하는 친구라고 했다. 남매들 중에 언니 오빠는 다 예쁘고 잘생겼는데 유독 자신만 못생겨서. 다들 좋은 직장에서 잘나가는데 자신만 집에 있어서. 나만 경제적으로 넉넉하지 못해서. 그래서 자신은 불행하고 우울한 거라고. 하지만 A의 눈에 B는 언니오빠들에 비하면 상대적으로 좀 부족할지 몰라도 객관적으로 그렇게 빠지는 외모도 아니고 경제 사정이 나쁘지도 않았다. 성실한 남편은 늘 우울해하는 아내의 마음을 보듬고, 딸도 엄마에게 걱정 안 끼치려고 자기 일을 챙기는 야무진 아이라고 했다. 우리가 보기에 B의 주변 환경은 어느 순간부터 B의 처지를 합리화시키고 '불행'이라는 덫에 계속 그녀를 붙잡아두며, 자기 안에 '우울'을 키우게 하는 자양분 같았다. 주변의 동정과 관심을 끌기 위해 계속 투정을 부리는 어린아이처럼.

　　마침 그즈음에 나는 가끔 만나곤 하던 상담사인 후배에게 이 의문을 내비쳤다. 불행한 우울이 우울증으로 자라는 그 어디쯤에 미성숙과의 교집합이 있지 않을까 하고. 그러자 상담사인 후배가 단호하게 이렇게 말했다.

"어머, 선배. 우울증은 남 탓하지 않아요. 오히려 지나치게 자신 탓을 하죠."

그러고 보니 최근 읽은 우울증 책 속의 저자들도 모두 화살이 지나칠 정도로 자신을 향하고 있었던 것이 기억났다. 그들이 보여준 우울은 오히려 너무 책임감이 강하고 의지적이어서, 어느 날 갑자기 찾아온 자신의 무기력을 어찌하지 못해 당황하고 있었다. 부지런하던 자신이 이렇게 손도 꼼짝 못 하게 되어서, 그렇게 인생의 의미를 소중하게 생각했는데 갑자기 이 세상 모든 것이 무가치하게 느껴져서. 그들은 모두 '하는' 사람이었다. 의미를 추구하고, 대가를 치르고, 치열하게 달려가는, 책임감 강한 사람. 그들이 지나칠 정도로 대가를 치르는 사람들인 것만은 분명해 보였다.

그렇다면 '하는 사람'과 '하지 않는 사람' 둘 모두에게 어느 날 갑자기 찾아온 이 무기력을 어떻게 해석해야 할까. 불행하다는 감정이 계속 '자신을 향해' 대가를 치르라 할 때 우울증이 되고, '외부를 향해' 탓할 때 미성숙이 되는. 그건 어쩌면 어디를 바라보느냐의 문제는 아닐까? 우리 앞에 놓인 수많은 선택의 순간 앞에 대가를 치르고 싶지 않지만 불이익도 감당하고 싶은 않은 미성숙한 어른들. 미성숙과 우울의 교집합. 우울증의 또 다른 이름에 대해 처음 내 안에 의혹의 씨앗 한 알이 떨어진 날이었다.

심연을 너무 오래 들여다보면

불안과 우울의 대환장 파티

우울 근처에서 오래 맴돌아 본 사람들은 안다. 우울은 슬프다거나 기쁨이 없는 부정적 마음의 상태가 아니라는 걸. 그 어떤 감정도 올라오지 않는 상태. 즉 감정이 없는 마음의 상태다.

 우울한 감정은 모든 이에게 있다. 살다 보면 슬픈 일이 있다가도 다시 기쁜 일이 생기고, 그에 따라 우리의 감정도 늘 오르락내리락한다. 부정적인 감정도, 긍정적인 감정도 따로 있지 않다. 모든 감정은 중립적이며, 그 자체로 소중하다. 하지만 어떤 사람의 경우, 그 감정이 표현되지 못하고 꽁꽁 얼어붙은 채 어느 시기를 지나는 경우가 있는데, 그게 오래되면 '감정이 없는 감정의 상태'로 진행된다. 우울감은 슬픈 일이 지나가고 기쁜 일이 오면 슬픔에서 기쁨으로 감정이 전환된다. 하지만 우울감이 우울증으로 발전하면 그땐 기쁜 일에도, 슬픈 일에도 반응하지 않게 된다. 어떤 일에도 반응하지 않는 무감각한 상태가 되는 것이다.

나는 이런 상태가 일종의 방어기제가 아닌가 생각하는데, 가령 이런 것이다.

우울이 아직 어린아이일 때 내 마음은 이 정도쯤에서 오간다. '지금 슬픈 일이 있어, 좀 우울하네. 하지만 괜찮아. 이러다 보면 곧 좋은 일이 생길 거야. 조금만 참아보자.'

하지만 연거푸 슬픈 일이 반복되면서 우울은 조금씩 불안해지기 시작한다. '왜 기쁜 일이 이리 더디 오는 거지? 다른 사람은 다 행복해 보이는데, 나만 왜 맨날 이렇게 불행한 걸까? 내 인생이 뭔가 단단히 잘못된 게 아닐까? 이러다 영영 내게 나쁜 일만 생기면 어쩌지?'

기쁨을 기다리고 기다리던 우울은 점점 지쳐간다. 마침내 그토록 기다리던 기쁨이 찾아와도 함께 기뻐할 수 없는 토라진 마음이 되어버린다. 기쁜 일에도 슬픈 일에도 움직이지 않는 얼어붙은 호수와 같은 마음이.

'지금 잠깐 기뻐해본들 무슨 소용이야. 어차피 다시 슬픈 일이 찾아올 텐데. 그럼 나는 또다시 기쁨을 기다리느라 지쳐 나가떨어지고 말 거야. 언제 올지도 모를 기쁨을 기다리며 계속 상처받느니 차라리 아무것도 느끼지 않는 편이 낫겠어.' 그렇게 무감각한 상태로 돌아서 버리는 것이다.

의학적으로는 우울한 기분과 상태(우울감)가 최소 2주 이상 지속되며 일상생활에 지장을 줄 때, 우울증(우울장애)이라는 진단을 내린다. 그렇다고 그 시기를 딱 잘라 구분할 수 있을까. 적어도 나의 경우는 그렇지 않았다.

내 첫 우울은 아들 사춘기와 함께 찾아왔다. 내 30~40대를 모두 차지했던 그 사랑스럽던 아이가 어느 날 내 모든 호의와 제안을 거절하고, 귀와 입을 닫았다. 핸드폰에서 눈을 떼지 않고 방구석에 처박혀 게임을 했다. 내 안의 편도체가 요동치기 시작했다.

무엇보다 나는 내가 이렇게 부당한 일을 당하는 이유를 알 수가 없었다. 내가 아들이 원치 않는 일을 강제로 시킨 적이 있던가. 내가 공부에 미쳐 아들을 존중하지 않은 적이 있던가. 최대한 의견을 존중하고 배려했는데 내게 돌아온 건 부당한 거절뿐이었다. 무엇보다 이게 사춘기의 일시적 문제인지, 잘못 고착된 내 양육 태도 때문인지, 핸드폰 때문이지 구분이 가지 않았다. 그때부터 닥치는 대로 읽기 시작했다. 도서관 서가에서 '아들'과 '사춘기'를 교집합으로 하는 책들을 모조리 빌려 왔다. 아들의 특성, 사춘기 몸과 마음의 변화, 자녀의 기질과 부모의 양육 태도……. 아니, 꼭 그런 키워드일 필요도 없었다. 문학 작품 속 주인공의 심리를 따라가면서도, 최신 뇌과학 이론을 공부하면서도, 모든 문장이 부모와 아들 간 본성과 양육의 문제로 읽혔다. 인간을 주인공으로 한 모든 이야기 속에 나와 아들이 있었다.

내 양육 태도와 문제가 객관적으로 보이기 시작하자 처음엔 모두 아들을 향하던 손가락이 일제히 나를 향해 돌아섰다. 문제아 뒤에 꼭 문제 부모가 있는 것은 아니지만, 아이를 붙들고 정직하게 질문해본 부모라면 고백하게 된다. 아이의 문제는 주 양육자인 나의 어떤 양육 태도로 인해 분명 강화되거나 약화된다는 걸. 부모인 내가 물려준 아들의 기질과 양육자인 나의 기질이 맞물려 서로를 빚어낸다. 너무 오랜 기간 함께했다는 이유만으로도 우리는 서로에게 지대한 영향을 미치지 않을 도리가 없다. 자녀의 문제에 있어 우리 부모가 완전히 자유롭기 어려운 이유다.

시간이 지나며 문제의 무게 중심이 자연스럽게 아들(사춘기)에서 나(중년)에게로 옮겨졌다. 핸드폰을 집어던지며 분노가 외부로 향할 땐 그나마 살 만했다. 하지만 이 모든 화살이 내 안으로 향하자 그때부터 나는 자주 침잠했다. 후회와 자책과 혐오. 신앙적 죄책과 니체의 잠언이 뒤섞인 거친 목소리들이 돌아가며 나를 참소했다. 드러난 민낯이 너무나 익숙한 나 자신의 것이어서 어디 달리 도망칠 곳이 없었다. 내 안의 심연을 너무 오래 들여다보았더니 어느덧 심연이 나를 삼킬 듯 노려보았다. 그렇게 아들 사춘기에서 시작된 우울은 중년의 어두운 밤으로 서서히 본령을 넓혀가고 있었다.

어느 날 잠시 침대에 머리를 기대고 누웠는데, 이제 일어나 빨래를 개고 저녁을 준비해야 하겠는데, 몸이 말을 듣지 않았다. 바로 침대 옆에 걸어 놓은 빨래에 손이 뻗어지질 않았다. 앤드루 솔로몬이 《한낮의 우울》에서 설명한 딱 그 우울이었다. 위풍당당한 떡갈나무를 뒤덮은 담쟁이넝쿨의 위용. 지난 몇 년간 내 몸에 기생하여 살며 내게 불안과 실존적 질문을 안겨주던 우울. 그것이 마치 애초에 내가 자기 것인 양 내 생명력을 뒤덮어가고 있었다. 그는 책에서 이렇게 썼다. "나는 스스로 숨을 끊을 수 있을 정도로 강하지 못했다. 당시 나는 우울증이라는 덩굴식물을 죽일 수는 없다는 걸 알고 있었기에 놈이 나를 죽여주기만을 바랐다. 그러나 내게서 자살할 힘조차 빼앗아 간 놈은 나를 죽이지 않았다. 우울증은 내가 파괴한 것을 대신 지탱해주는 힘이 되었던 것이다."•

이러다 서서히 내 삶의 주도권을 우울에 빼앗길지도 모른다는 불안이 밀려왔다. 그때 병원을 찾았다면 나도 지금쯤 우울증 환자로서의 또 다른 정체성으로 살고 있었을까. 잘 모르겠다. 다만 그때 내 곁엔 책과 책을 매개로 만나는 이웃이 있었다는 것밖에는. 내가 어둠에 잠식될 만할 때쯤이면 그들이 한 번씩 나를 불러냈다. 저 깊은 심연에서 나를 끌어내주었다. 그들과 이야기 나누며 또 함께 공감하고 돌아서면 그다음 모임까지 며칠이 더 살아졌다.

내가 아들 사춘기로 지독한 시간을 보낼 때 가장 많

• 앤드루 솔로몬, 《한낮의 우울》, 민승남 옮김, 민음사, 2004, 29쪽.

이 들었던 말이 있다. 왜 그렇게까지 집요하게 묻는가. 사춘기는 원래 그런 거라고, 시간이 지나면 다 돌아온다고. 아들 사춘기가 잦아들고 난 지금 생각해보니, 그 말에도 일견 일리가 있었다. 아들은 그저 한때 자기 욕망에 너무 충실해 주변일랑 아랑곳하지 않는 어린아이였을 뿐이었다. 어느 시절 자기 자신에 대한 이 지독한 이해가 타인을 이해하는 너른 지평이 된다고도 하지 않나. 내 아들은 어른 말 잘 듣고 공부 잘하는 착한 아들은 아니었다. 지금 성장통을 부지런히 겪고 있으니 조금만 지나면 멋진 어른으로 변모할 터였다.

하지만 나는 계속 내가 아들에 대해 무언가 놓치는 것이 있지 않을까 전전긍긍했다. 내 안의 무언가가 계속 나를 불안하게 다그쳤다. 그래, 그거였다. 내 아들의 격렬한 사춘기가 시작되던 몇 해 전. 배가 가라앉았다. 인천에서 제주로 수학여행을 가던 학생 250명을 포함한 304명의 소중한 목숨을 태운 배가 진도 앞바다에 가라앉았다.

이제 아이는 자라면서 더 많은 시간을 내가 모르는 곳에서 보내고 나는 점점 더 아이에게 대해 모르는 엄마가 될 터였다. 아이가 대부분의 시간을 보내게 되는 학교에서조차 아이를 안심하고 맡길 수 없다는 인식. 나는 이제 아이를 점점 놓아주어야 하는데 우리 사회도, 국가도, 내 아이를 지켜주지 못할 거라는 불안. 내가 섣뜻 아이를 놓지 못하는 이유에는 이런 사회 환경적 불안도 단단히 한몫을 하고 있었다.

지구 종말을 기다리는 마음

자기혐오는 얼마나 압도적인지

2016년 출간된 《나는 가해자의 엄마입니다》는 미국 콜럼바인 고등학교에서 일어난 총기 사건을 다룬 책이다. 1999년 4월 20일 오전, 에릭과 딜런으로 알려진 재학생 둘이 검은 프록코트를 차려입고 사제폭탄, 총, 탄창을 가득 담은 더플백을 메고 학교로 찾아갔다. 친구들을 향해 총을 난사해서 학생과 교직원 포함 16명을 죽이고 23명에게 중경상을 입힌 후, 현장에서 스스로 목숨을 끊었다. 이 책의 저자 수 클리볼드는 범인 중 하나인 딜런의 어머니였기에 출간 직후 더 큰 화제를 불러 모았다.

그녀에 의하면 딜런은 어렸을 때부터 온 가족 모두 그를 '선샤인'이라고 부를 정도로 무척 사랑스러운 아이였다고 한다. 좀 내성적이었다는 것만 빼곤 참 키우기도 쉬웠고, 집에서 자동차 부품을 사서 함께 조립을 하는 등 아빠와의 관계도 좋았다. 사춘기에 들어오면서 다른 집 애들처럼 말썽을 좀 피우긴 했지만 딜런은 그야말로 평범한 집안의 평범한 아이였다. 수 클리볼드 또한 평생 장애인과 사회적 약자들의 권리를 위해 노력하던 교육가였다. 하지만 자신의 아들이 친구 하나와 1년 전부터 이날의 참사를 기획하고 준비했다는 사실도, 딜런이 오랫동안 우울증을 앓았다는 사실도 전혀 몰랐다.

이들을 조사한 법의학팀에 의하면 보통 2인조로 움직이는 총기 난사범 중에서도 에릭과 딜런은 가장 안 좋은 조합 중 하나라고 한다. 공격적인 성향의 사이코패스(에릭)와 의존적인 성향의 우울증(딜런)의 만남. 이 사건을 다각도에서 분석한 보고서는 두 아이의 성향을 아래와 같이 기록했다.

"에릭은 사람을 죽이러 학교에 갔고, 그러다 자기가 죽어도 상관없다고 생각했고, 딜런은 자기가 죽으러 학교에 갔고, 그러다 다른 사람이 죽어도 상관없다고 생각한 것 같다." 에릭은 누군가를 죽이기 위해 그날 학교에 갔지만, 딜런은 자기 자신을 죽이기 위해 학교에 간 것이다.

충분히 예상할 수 있듯이, 이 사건 후 많은 사람들은 딜런의 부모에게 시선을 돌렸다. 문제 아이 뒤에는 반드시 문제 부모가 있다는 통념. 부모가 대체 어떻게 키웠길래 아들이 저렇게 엄청난 일을 저지를 때까지 몰랐을까 하는 의문. 나도 처음엔 이 엄마에게 분명 무슨 문제가 있을 거라고, 그런 심정으로 계속 책을 넘겼다. 하지만 책을 덮을 때 즈음엔 굉장히 혼란스러웠다. 부모에게서 그렇다 할 혐의를 찾을 수 없었던 거다. 그리고 찜찜한 기분으로 다시 앞으로 돌아가 서문을 펼쳤는데, 거기 바로 내 의문을 해소해주는 문장이 있었다.

"범죄가 부모 탓이라고 믿고 싶은 더욱 강력한 이유가 있다. 그렇게 생각하면 우리 집에서는 아이에게 그런 나쁜 짓을 하지 않으니 이런 재앙을 겪을 위험이 없다고 안심할 수 있기 때문이다."•

왜 그렇지 않겠는가. 이상한 아이 뒤에 이상한 부모가 있다면, 내심 우리는 안도한다. 적어도 나는 그 정도로 이상한 부모가 아니니까, 우리 아이는 괜찮을 거라

• 수 클리볼드, 《나는 가해자의 엄마입니다》, 홍한별 옮김, 반비, 2016, 10쪽.

고. 적어도 저 여자처럼 한 개인이 감당하기에 너무 버거운 불행까진 겪지 않을 거라고. 하지만 이 책은 그런 우리의 통념을 철저히 뒤엎는다. 지금까지 얼마나 아이를 잘 키웠든, 아이는 자기 친구들의 조언을 더 많이 들으며 자랄 터였다. 집에 오면 누군지 알지 못하는 사이버 공간에서 자신만의 꿈을 키울 터였다. 나는 점점 더 아이에게 대해 모르는 엄마가 될 터였다. 그렇다면 내 아들이 이상한 애가 아니더라도 사이코패스와 함께 합을 맞춰 총기를 난사하게 되는 우울한 아들이 될지도 모른다는. 불안한 엄마들이라면 한 번씩 극단적으로 펼쳐내고 대개 아빠들이라면 쓰잘데기없는 생각이라고 치부하는 그런 생각들이 꼬리에 꼬리를 물었다.

우울증이 무서운 이유는 우울한 감정 그 자체보다 압도적인 자기혐오와 비판을 동반한다는 데 있다.* 많은 자살자들이 지금보다 행복해지기 위해 자살을 선택하고 자살 시도에서 혹 실패할까 봐 두려워한다. 자살자의

* 윤대현 서울대학교병원 정신건강의학과 교수, 《야생의 위로》(에마 미첼, 2020) 추천의 말 중. 자기혐오와 비판은 그 어떤 기분도 느낄 수 없는 상태, 무기력과 좌절을 반복하는 상황으로 스스로를 몰고 간다.

자기혐오는 얼마나 압도적인지 자기 세계 너머, 가족과 이웃을 고려하지 못한다. 자신의 세계가 너무나 고통스럽고 혐오스러운 나머지 자신의 죽음이 다른 이들의 삶에 남길 끔찍한 상처까지 생각할 여유가 없다. 자살자의 죽음이 때로 이기적인 것처럼 오해를 받는 이유다.

더 최악인 것은, 우울 특유의 부정적 경향성은 상황을 실제보다 더 극단화한다는 것이다. 나에 대한 혐오가 나를 넘어 나를 둘러싼 세상 모두를 내 수준으로 기어이 끌어내리고야 만다.

돌아보니 내 안의 우울이 아들 사춘기를 지나 나의 갱년기의 문제로 돌입하던 시절. 나는 누구보다 열렬히 디스토피아를 지지했다. 그전까지 나는 환경 문제에 대해서라면 예의상 텀블러를 가지고 다니는 정도의 짐짓 환경론자였다. 하지만 기후 위기에 대한 정보가 쌓여가자 아예 인구 종말의 도식을 부르짖는 종말론자가 되었다.

지구상엔 이미 인구가 너무 많아. 1세기 2~3억 명 정도로 추정하는 전 세계 인구가 1800년 동안 10억 명 정도로 완만히 증가했다고. 근데 1880년 산업혁명을 기점으로 얼마나 늘어났는지 알아? 최근 150년 동안 무려 70억을 늘렸어. 아무리 인구 소멸 어쩌고 해도 이미 전

세계적으로 낳아놓은 인간들이 너무 많아서 30년 안에 세계 인구는 100억 명에 육박할 거야. 지금도 이렇게 매해 난린데 더 나아질 이유가 어디 있겠어. 탕탕!

우리가 1년에 닭을 몇 마리 먹는 줄 알아? 1인당 26마리야. 지구상에 한 해 도축되는 닭이 650억 마리가 넘는대. 우리 집만 해도 4인 가족이 닭볶음, 치맥, 닭가슴살 등등으로 얼마나 많이 먹어. 닭만 먹냐. 소 돼지까지 한해 가축을 먹이고 기르며 배출하는 온실가스가 전체의 15%를 차지하는데 가공하는 데 들이는 품까지 포함하면 전체의 3분의 1이 넘는다는 얘기도 있어. 하지만 당장 그런 이유로 저녁에 애들한테 먹일 고기 줄일 생각 있어? 없지? 탕탕!

기후 위기의 심각성을 얘기한 게 10년이 넘었다고. 하지만 지속가능한 미래 어쩌고 하며 맺은 기후협약은 물론, 한번 도달하면 이전 상태로 절대 돌이킬 수 없다는 변곡점도 이미 지나갔거든. 인류 멸망을 막기 위해서는 앞으로 무조건 덜 쓰고 덜 먹고 덜 배출하는 방법밖에 없는데, 이윤 추구가 목적인 기업이 언제 환경을 위해 경제 논리를 양보해본 적이 있어? 이 정도 속도로 계속 가다간 2030년엔 북극 빙하 다 녹고 해수면 상승으로 뉴욕을 비롯한 세계 주요 도시 모두 물에 잠기고, 아니, 이미 그전에 산불, 홍수, 가뭄 등으로 전 지구적 식량 위기에 봉착할 거래. 1주일만 굶는다고 생각해봐. 다 들고일어날걸. 바로 세계대전이라고! 탕탕.

무슨 책을 읽어도 모든 결론이 지구 종말로 마무리되었다. 아니 정확히 말하면 인류 종말로. 대형 공룡이 몰살된 다섯 번째 대멸종 포함 이전 대멸종은 모두 자연재해로 인한 것이었지만, 앞으로 우리 인류가 맞게 될 대멸종은 순전히 우리 인간이 초래한 인재가 될 것이다. 왜? 인간은 '마지막 나무 한 그루, 마지막 물고기까지 씨를 말리고 나서야 돈을 먹을 수 없다는 사실을 깨달을 것'•이기 때문이다. 그러니 최대 가해자도, 최대 피해자도, 인류세 최대 포식자 우리 호모 사피엔스다. 인류는 자기 이기심과 탐욕으로 자멸하는 것이다!

우울증 상태는 하루 종일 6시 뉴스만 보고 있는 것과 비슷하다. 머지않아 온 세상이 정치 추문과 기후 재앙, 끔찍한 범죄로만 가득 차 있다고 생각하게 된다. 채

- 어느 북미 원주민의 경구라는데, 아직까지 이것만큼 자본주의의 풍요에 도취된 우리에게 딱 맞는 경고를 보지 못했다.

널만 바뀌면 세상에 존재하는 온갖 것을 볼 수 있는데, 절대로 채널을 바꾸지 못하는 것이다.*

지구 온난화와 기후 위기가 초래하는 세기말적 분위기는 이렇게 내 우울을 지지하는 합법적 근거가 되었다. 우울이라는 회색빛 안경을 끼고 본 세상은 내가 언제 끝장내도 그리 미안할 것 없을 만큼 나쁜 세상이 되었다.

자기가 죽기 위해 학교에 갔는데 다른 사람이 죽어도 상관없다고 생각한 딜런처럼.

* 앨릭스 코브, 《우울할 땐 뇌 과학》, 정지인 옮김, 심심, 2018, 93쪽.

가짜 뉴스, 불행의 유통

실패한 자의 체념 어린 충고를 조심할 것

오늘도 받았다. '꼭 읽어보세요'로 시작해서, 보이스 피싱 피하는 법 같은 생활의 지혜를 가르쳐주는가 싶다가 어김없이 정부의 실책과 공산주의 운운하며 끝나는 그 글을.

 보내준 글을 열어보기만 하고 바로 닫아버린 지는 꽤 오래되었다. 처음부터 그랬던 건 아니다. 한두 번 가짜 뉴스에 대해 요목조목 반박하며 진지하게 썰을 풀어 보내드리기도 하고, 이런 글을 공유하실 거면 출처라도 좀 명확한 걸로 보내주시라고 부탁하기도 했다. 당신들도 배울 만큼 배운 지식인이 아닌가. 왜 누가 어떤 사실에 근거한지도 모르고 떠벌린 카더라 통신에 대해, 왜 아무런 비판도 없이 수용하고 유통하는가.

그렇게 '노오력'이 중요하다면서? 차라리 그런 글을 읽고 다시 당신의 생각을 정리해서 당신의 언어로 보내준다면 좀 더 이야기해볼 여지가 있을 것 같다고. 남이 쉽게 쓴 글을 그저 그렇게 쉽게 퍼다 나르는 것으로 당신의 자식들이 설득될 거라고 생각한다면 오산이라고. 그렇게 여과하여 보내보기도 했다. 하지만 그들은 바뀌지 않는다.

어제 온 글의 어느 수녀님의 글이었다. 마치 이해인 수녀님을 연상시키는 첫머리. 특권을 누리는 자들에 대한 비판과 가난한 자들을 위한 정의에 대해 얘기하는가 싶더니 어느 순간 또 그들의 신념이자 우상인 한 대통령에 대한 찬사로 넘어가 있었다.

"18년간 재임했으나 그는 호, 명예박사, 직함 따위 요구하지 않았고 죽을 때 허름한 시계와 해어진 혁대 하나 남겼다. 그는 허례허식과 권력을 빙자한 군림을 증오했다."

'18년 재임'이라는 말 자체가 이미 그것이 군림이며, 군부를 등에 업은 강제력을 동원하지 않는 한 불가능한 권력이었음을 말해주고 있건만, 그것이 독재가 아니라고 부득불 우긴다. 그런 형태의 독재는 그들이 그렇게 혐오해 마지않는 저 북쪽의 김씨 일가가 70년 이상 해오던 그 방식인 걸 그들만 모른다.

어디까지가 수녀님의 글인지 알 수 없이 그 글은 다시 현 정권에 대한 비판으로 이어졌다. 한 당 대표의 최근 발언에 대해 '정신병원에 처넣어야 할 병자일 뿐이다'라고 시작하는 글이었다. 그대로 옮기면 다음과 같다. (출처를 밝히고 싶으나, 나와 있지 않으니 나 역시 누가 쓴 글인지 모른다.)

"전라도 출신 ○○○ ○○당 대표가 작고하신 이건희 회장에게 일장 훈계의 애도문을 발표했다. 비록 살아생전에는 잘못한 게 많지만 죽어서라도 뉘우치고 착한 사람으로 다시 태어나라고 했다. 참 고약한 애도문이다. 고 서정주 시인이 전라도에는 양반이 별로 없었다는 말씀을 하셨다가 전라인들이 들고일어났던 사건이 새삼 떠오른다. 전라도는 죽은 사람에게도 훈계질을 하는 모양이지? 죽은 자의 환생 문제까지 걱정해주는 마음은 가상하나 조선 8도 한 귀퉁이에 죽은 사람에게까지 훈계질하는 장례문화가 있는 줄은 몰랐다. 인간의 도리가 아니라고 생각한다."

당 대표 앞에 '출신 지역'이 왜 필요한가. 누군가를

논할 때 출신지로 분류해 지역감정을 유발하는 언사가 제일 먼저 눈에 거슬렸다. 게다가 일장 훈계, 조선 8도, 이런 단어는 저 위대한 수령 동지를 예찬하기 위해 북쪽 선전부장들이 자주 쓰는 단어가 아닌가. 대체 당 대표의 애도문은 또 얼마나 치우쳤길래 그렇게 고약했을까. 인터넷에 검색해보니 고스란히 찾아졌다.

"이건희 삼성그룹 회장님의 별세에 깊은 애도를 표합니다. 신경영, 창조경영, 인재경영…… 고인께서는 고비마다 혁신의 리더십으로 변화를 이끄셨습니다. 그 결과로 삼성은 가전, 반도체, 휴대폰 등의 세계적 기업으로 도약했습니다. '생각 좀 하며 세상을 보자' 같은 고인의 여러 말씀은 활기 있고 창의적인 기업문화를 만들었습니다. 우리 사회에도 성찰의 고민을 던져주었습니다.

그러나 고인은 재벌 중심의 경제 구조를 강화하고, 노조를 불인정하는 등 부정적 영향을 끼치셨다는 점도 부인할 수 없습니다. 불투명한 지배 구조, 조세포탈, 정경유착 같은 그늘도 남기셨습니다.

고인의 혁신적 리더십과 불굴의 도전 정신은 어느 시대, 어느 분야든 본받아야 마땅합니다. 삼성은 과거의 잘못된 고리를 끊고 새롭게 태어나기를 바랍니다. 고인의 빛과 그림자를 차분하게 생각하며, 삼가 명복을 빕니다."

'비록 살아생전에는 잘못한 게 많지만 죽어서라도 뉘우치고 착한 사람으로 다시 태어나라는 고인을 향한 훈계질'은 눈을 씻고도 찾아볼 수 없었다. 애도문은 한 시대를 빛냈던 인물의 공과 과를 골고루 평가하고 있었고, 내 눈에 균형 있게 보였다. 온통 빛으로, 또는 온통 그림자로만 쓰이는 인간의 삶이 어디 있으랴. 빛과 그림자, 공과 과 모두 그 사람이다. 왜 우리는 그를 늘 빛으로만 이야기해야 하나. 왜 그는 공과 과를 균형 있게 얘기했다는 이유로 '정신병원에 처넣어야 하는 병자'가 되어야 하나.

그리고 왜 당신은 이런 글을 자식에게 '꼭 읽어보세요'라고 하고 보내야 하나. 도대체 왜!

오늘 나는 불현듯 이들이 참 불행하구나 하는 생각을 한다. 자식은 나의 전부여서, 대통령은 아니더라도 장관이나 그도 아니면 사회에서 그럴듯한 자리 하나쯤 꿰차서 늘그막에 내 평생 다 바친 보상쯤 이뤄줄 줄 알았는데…… 늘 자기들 먹고 살기에도 급급한 자식들은 그렇다고 살갑게 전화해 안부를 묻는 것도 아니고 다른 자식들처럼 환갑에 비행기를 태워주지도 않고. 또 정치에는 얼마나 관심이 없는지 내가 온몸 바쳐 사수한 이 나라가 지금 공산주의자 손에 넘어가 언제 북쪽에서 밀고 내려올지 모르는 마당에 내가 보내는 애정 어린 경고는 읽기나 하는지 반응은 없고. 그렇게 늙고 병약해진 내 몸이 서글퍼 이렇게 출처도 모르는 글을 퍼 나르며 자신의 슬픔을 유통하는 중이구나.

그 많은 가짜 뉴스들이 그들의 불행과 슬픔의 양일 수 있다는 것. 그들의 불행과 슬픔에 변변찮은 자식인 내가 가담하고 있다는 데에까지 생각에 미치자, 나는 지금 참 어찌해야 할 바를 모르겠다.

5년 전 아버지에게 받은 가짜 뉴스를 지금까지 받고 있다. 오늘은 미국 조지아주 건설 현장에 파견되었다가 트럼프 정부의 압박 외교로 강제 귀국길에 오른 현대자동차그룹-LG에너지솔루션 합작 배터리 공장 노동자들이 졸지에 '중공의 지령을 받은 민주노총 노조원'으로 둔갑했다. 한국의 종북 친중 반미 좌파들이 미국 본토에 거대한 간첩 아지트를 꾸밀 작정이었다가 실패했다는 것이다. 중공이라니, 지난 세기 이미 실패한 이데올로기와 역사 속으로 사라진 나라의 이념을 붙들고 여전히 옛

망령에 사로잡힌 채 살아가는 아버지. 계엄이 왜 내란인지 모른 채 광장에서 이스라엘 국기와 미국 성조기를 함께 들고 흔드는 아버지. 모두 돈 돈 하는 자본주의 세상에서 건물주도 민주 열사도 되지 못한 아버지. 자신의 처지를 비관하는 대신 부패한 정치에 열을 올리는 아버지.

오늘도 출처와 진위도 모르는 가짜 뉴스를 아무런 수치심 없이 유통하는 아버지.

아침마다 이 실패한 자의 체념 어린 충고를 들으며 나는 그동안 내가 왜 그렇게 '미성숙한 우울'에 집착했는지 알 것 같았다. 아들 사춘기 때 나를 요동치게 하던 것 중 유난히 힘들었던 게 바로 이 '남 탓'하는 태도였다. 아들은 아직 미성숙한 어린아이이고 우리는 이제 분리와 독립을 배우는 단계이니, 아들이 자신이 감당하기 어려운 책임을 엄마에게 좀 전가하려는 것은 어쩌면 당연한 것이었다. 하지만 아들이 엄마 탓을 할 때마다 나는 지나치게 분노했다. 그게 평생 자신의 인생을 상관에게, 사기꾼에게, 나중엔 집안에 여자가 잘못 들어와서, 탓하던 아버지의 그림자였다는 걸, 나중에 알게 되었다. 그의 미성숙과 그의 우울이 고스란히 나에게로 유전될까 봐. 나는 그토록 두려워했구나.

주식, 이게 뭐라고

나도 너처럼 좋은 부모 노릇 하고 싶어서

2년 전 내 생애 처음 주식 계좌를 열었다. 친구가 시키는 대로 증권 앱을 깔고 정보를 입력하고, 2차전지 주 중에서도 가장 핫하다는 주식 몇 주를 샀다.

주변에서 초등학교 졸업하는 아이들에게 삼성전자 1주씩을 선물하던 때도 나는 흔들리지 않았다. 절대 주식 따위 사지 않을 것 같았던 동네 친구가 마침내 주식을 사고, 최애 작가 중 하나가 코인으로 인생역전 하는 소설을 써서 내게 '이더리움'이라는 낯선 이름을 각인시킬 때도, 나는 단호했다.

"내가 들어갈 때는 이미 끝났다."

그게 나의 신념이자, 방패막이였다. 밤낮으로 주식

하는 사람들이 이렇게 득실거리는 세상에서, 혹 남들과 적절하게 발맞추지 않더라도, 적어도 이것만 지키면 크게 손해 볼 일은 없을 거라는 하나의 다짐. 주식은 그렇게 내겐 절대 들어서면 안 되는 시장이었다. 그러니 내 친구가 나의 이런 오랜 금기를 깨고, 나에게 주식의 세계를 열어주었을 때. 그건 나에게 나름 큰 도전이었다고 할 만했다.

친구는 4~5년 전 주식 세계에 뛰어들어 그때부터 착실하게 주식 공부를 하면서 제법 안정적인 수익을 올리고 있었다. 처음 주식을 하며 약간의 재미를 볼 때만 해도 그녀는 우리에게 주식을 권하지 않았다. 주식 이야기를 늘어놓을 때마다 우리의 대답도 똑같았다.

"네가 돈 많이 벌어서 우리 만날 때마다 맛있는 거 사줘. 우린 하고 싶어도 투자할 여윳돈이 없다니까. 진짜야! 월급 들어오면 다음 날로 다 카드로 빠져나간다고. 우린 너랑 달라. 통장에 잔고 좀 있어보는 게 소원이다."

돈이 없다니. 뭔가 할 말이 잔뜩 있어 보였지만, 한결같은 우리의 말에 친구도 한발 물러서곤 했던 거다. 하지만 2년 전쯤부터는 적극적으로 우리를 설득하기 시작했다. 우리가 너무 안타깝다고 했다. 맨날 돈 없다고 하면서, 돈 벌 궁리일랑 전혀 하지 않는 우리가. 우리를 설득한다고 해서 자기한테 무슨 수익이 떨어지는 것도 아닌데, 왜 자기 말을 믿지 못하냐고 했다.

그러더니 그동안 자기의 권유로 돈을 번 동료와 다른 그룹 친구들의 이야기를 들려주었다. 자기 말을 듣고 몇 년 전에 몇백을 넣은 동료는 몇백을 벌었고, 자기 말을 듣고 몇천을 넣은 언니는 다시 몇천을 벌었다고 했다. 그러니 자기 말을 듣고 몇억을 넣은 친구의 친구는 얼마를 벌었겠냐고 했다. 요는 자신에겐 우리가 가장 친한 친구인데, 이 세상에서 우리만 자신의 말을 믿지 않아 아직도 가난하게 살고 있다는 거다.

정말 그랬다. 그 친구가 우리에게 주식을 권하고 우리가 늘 고집스럽게 그녀를 거절하는 동안 내 주변 사람들은 이 합법적 돈벌이를 통해 아이 학원을 하나 더 보내고, 차를 바꾸고, 부동산을 갈아타며 살고 있었다. 부모님 생신에 밍크 목도리를 사드리고 임플란트를 해드리고 동남아로 여행을 보내드렸다. 남들은 다 자본이 자본을 낳는 방식에 순응해 자식의 도리를 하고 여유를 즐기며 사는 동안 나만 맨날 '돈 없어'를 연발하고 있었다.

아무것도 하지 않은 채.

그리하여 내가 돈 없단 말을 열 번쯤하고 열한 번째 친구가 다시 나를 설득했을 때. 번뜩 아이들 용돈을 모아놓은 계좌가 떠올랐다. 그동안 시댁과 친정 식구들로부터 받은 아이들 용돈만큼은 건드리지 않고 모아두었는데, 두 아이 통장을 합치니 800만 원 정도가 되었다. 종잣돈으로 시작하기엔 너무 적지도 과하지도 않은 딱 알맞은 금액이 10년 동안 아무 잉여도 창출하지 않은 채 그대로 통장에 박혀 있었다. 그래, 나는 돈이 없었던 게 아니라, 할 생각이 없었구나. 강산이 변하고 초등학생까지 다 주식 계좌를 트는 동안 나는 고작 주식 한 주에도 도전해보지 못했구나. 나 자신이 원금 그대로 통장에 박힌 고인 물이었구나.

주식 이게 뭐라고, 나는 그동안 고집스럽게 유지해오던 삶의 방식 한번 비틀어보질 못했나.

그 길로 통장에서 돈을 몽땅 찾아 친구가 사라는 주식을 샀다. 남편과 아이들도 모두 웃으며 나의 결정을 지지해주었다. 친구에게 말했다. 나는 주식에 대해 모르고 알고 싶지도 않으니 네가 사라고 할 때 사고, 팔라고 할 때 팔겠다고. 친구도 한동안은 쳐다보지 말라고 했다. 2년은 묵혀둘 생각하라고. 자신도 그렇게 해서 성공했다고. 그 진득한 방식이 맘에 들었다.

남의 말만 듣고 무언가 결정해본 것도, 단가가 100만 원이 넘는 무엇을 사본 것도 처음이었다.

그 주식은 사자마자 연일 불기둥을 올리더니 1주일 만에 20%에 육박하는 수익을 올렸다. 800만 원은 곧 1000만 원을 넘어설 것 같았다. 친구에게는 주식에 대해 알고 싶지 않다고 했지만 실시간 앱을 열어보며 나는 솟아오르는 불기둥에 감탄했다. 이것이 바로 자본주의의 세계였다. 돈이 돈을 낳는! 실시간으로 늘어나는 잔액들은 나의 선택이 옳았음을 증명해 보이고 있었다. 그동안 나만 고집스럽게 붙들고 있던 세계를 열어젖히고 남들이 다 들어선 세계에 이제 갓 첫발을 내디뎠을 뿐인데도, 눈이 부셨다.

그리고 하늘 모르고 솟을 것 같던 주식 그래프가 딱 1주일 만에 곤두박질치기 시작했다. 1천만 원에 육박하던 잔액이 9백만 원이 되고 간신히 원금을 맞추더니 마이너스로 돌아섰다. 하락폭은 상승폭보다 더 가팔랐다. 그제야 내가 '이대로 1천만 원이 넘으면 밥 사겠다'며 공언했을 때 동네 친구들의 반응이 떠올랐다. "언니! 그 주식을 샀다고? 진짜 용감하다. 우린 모두 손 떨려서 감히 못 들어가고 있었거든. 진짜 대단!"

그 말인즉슨, 내가 그 주식을 주워 담았을 시점은 주식에 대해 조금이라도 아는 사람이었다면 절대 들어서지 않을 장이었다는 거다. 혹 들어섰더라도 15%쯤 수익이 났을 때 당장 팔았어야 했을 만큼 이미 오를 대로 올라 다들 떨어질 때만 관망하던 주식이란 것. 물론 돌이킬 수 없는 시점에 다 끝난 뒤 하는 말들이었다. 하지만 4개월쯤 지나고 평가손익이 마이너스 30%를 육박하자, 그들의 말이 상식에 가까웠다는 걸 비로소 알게 되었다. 둘러보니 몇 년 동안 안정적으로 투자하여 큰 수익은 없지만 그럭저럭 잔고를 유지하던 이웃들의 그래프도 모두 마이너스로 돌아서는 시점이었다. 주식이란 속성 자체가 한 치 앞도 내다볼 수 없는 것이라지만, 시기적으로도 주변은 바이러스와 기후 위기와 전쟁으로 그 어느 때보다 혼란했다. 주식, 부동산, 물가 그 어느 것 하나도 예측 가능한 전망이 없었다.

그러자 갑자기 친구가 무슨 생각으로 나에게 1주에 100만 원도 넘는 주식을 사라고 권했는지 이유가 궁금해졌다. 남들은 다 살 때가 아니라고 생각한 그때, 열 번이나 거절하던 나를 설득해 이 시장에 들어오게 할 만큼 그녀를 확신하게 했던 것은 무엇이었을까. 만약 나였다면 어땠을까. 여기까지 생각이 미치자 그 친구와 내가 얼마나 다른 사람인지 다시 한번 그 차이가 확연히 드러났다.

    20년 지기인 그녀는 육아를 위해 결혼 후 일부러 직장을 갖지 않고 아이 키우는 데에만 전념했다. 맞벌이를 하지 않는 동안에도 늘 남편 앞에 당당하게 자신의 지분을 주장했다. 신혼 초인데도 그 막강한 시어머니 앞에서도 전혀 주눅 들지 않고 웃는 낯으로 선을 그을 줄 알았다. 우리들이 내 옷 한 벌 사는 데 손을 벌벌 떠는 동안에도 두 딸보다 더 예쁜 옷을 사 입었다. 지금도 30대 못지않은 피부와 핏을 유지하며 매일 산을 오르고 한강을 달린다. 한마디로 모든 게 자신을 중심으로 재편되어 있었다. 아이와 남편과 주변에 맞춰 움직이는 나와 달랐다. 그녀는 늘 자신의 생각과 판단에 확신이 있었다. 주장하고, 설득하고, 관철시켰다.

    그에 비하면 나는 늘 애매했다. 경계에 한 발을 걸

치며 살았다. 육아와 직장 사이에서 어느 것 하나 분명히 하지 못하고 갈팡질팡했다. 밤중 수유를 끊겠다고 단호히 마음먹었다가도 아이가 빼빼 울어대면 30분을 못 기다리고 다시 젖을 물렸다. 맞벌이할 때 남편에게 집안일을 공평하게 나누자고 요구했다가도 빨래가 쌓이면 그새 잊고 세탁기를 돌렸다. 아들이 사춘기 때 내가 차린 음식을 거절하고 컵라면으로 때울 때도 내가 모르는 무슨 이유가 있겠지 하며 물러섰다. 처음엔 이런 내가 타인을 존중하고, 그 자체로 인정해주는 사람이라고 생각했다. 사람마다 가치를 두는 것도, 취향도 모두 다르니 나 또한 대접받고 싶다면 다른 사람에게 먼저 대접해야 한다고.

하지만 그게 아니었다. 나는 늘 실수할까 봐 무서웠다. 나 같은 바보가 뭔가를 주장했다가 잘못되거나, 더 좋은 선택이 있었다는 걸 나중에 알게 되거나, 그 때문에 그들이 나중에 내 탓을 하게 될까 봐. 내가 모르는 타인의 삶에 개입해 혹 그들의 삶에 흠결이라도 내게 될까 봐. 유명세를 타고 영향력을 끼치지 않아도 좋았다. 그럭저럭 손가락질받지만 않는다면 괜찮았다. 내 삶도 책임지지 못하면서 누군가의 삶에 말려들고 싶지 않았다.

한 남자와 만나 가정을 이루고, 자식까지 둘이나 낳고 살면서도 나는 여태 서로 주고받는 그 흔한 책임감조차 기꺼이 떠맡고 싶어 하지 않았다. 책임을 지고 싶어 하지 않은 게 아니라, 책임이 너무 버거워 혹 감당하지 못하게 될까 봐. 내 삶을 다른 사람에게 맡겼다. 그렇게 다른 사람의 삶에 말려들었다.

자본이 자본을 낳을 거라는

다 너를 위해서라는 거짓말

후회하지 않았다면 거짓말이다. 까짓 800만 원. 4인 가족 한두 달 생활비 정도밖에 안 됐다. 남편과 아이들에게 모두 동의를 받은 합법적인 투자였다. 하지만 그 돈은 양가 부모님이 명절과 생일 때마다 없는 형편에 아이들 통장에 꽂아주신 소중한 돈이다. 그러니 금액 때문이 아니라 의미 때문이다. 이 돈이 어떤 의미였는지 생각할 때마다 속이 상했다.

왜 그때 친구는 분명 어딘가에 현금이 있을 거라며 잘 생각해보라고 나를 종용했을까. 몇 번의 추궁 끝에 아이들 적금을 생각해냈을 때, 눈빛을 빛내며 당장 깨서 주식을 사라고 했을까. 왜 우리는 그때 원금조차 회수하지 못했을 때 불편해질 서로의 관계에 대해 한 번도 고려해보지 않았을까. 그 친구는 왜 자기에게 아무 이득이 되지도 않을 일에 그렇게 적극적으로 나섰던 걸까. 하지만 언제나 그렇듯 무엇보다 용납하지 못하겠는 건 바로 나 자신이다. 돈이 없으니 잃을 일도 없을 거라며 자신만만하던 나. 도대체 나는 뭘 믿고 없는 돈을 긁어모아 투자를 했던 걸까.

이듬해 봄. 손실이 50%쯤 되었을 때. 친구에게 전화가 왔다. "내가 너한테 책임을 느끼겠냐, 안 느끼겠냐." 그러더니 가지고 있는 주식을 다 팔아서 다시 다른 주식에 투자하라고 했다. 이번엔 정말 듣지도 보지도 못한 회사의 주식이었다. 잠깐 갈등했다. 이미 50% 손실을 끼친 주식이지만 내가 가지고 있는 주식은 유명했다. 이미 투자자들의 어마어마한 돈이 묶여 있으니, 그리 허무하게 나락으로까지 가진 않을 거라는 뜬금없는 기대감. 듣보잡 주식보다는 그래도 이걸 쥐고 있는 게 낫지 않을까. 하지만 잠깐 머뭇거리는 사이, 친구가 다시 힘주어 말했다. "내가 원금은 보장해줄게."

내가 주식에 대해 뭘 알겠나. 처음부터 그 친구만

믿고 시작한 거였다. 사라면 사고 팔라면 판다고. 내 돈을 투자하면서 모든 판단을 그 친구에게 떠넘겼다. 그러니 이제 와서 내가 다른 판단을 한들, 나보다 훨씬 경험 많은 친구의 판단보다 더 나으리라는 보장도 없었다. 만약 친구가 사라고 한 주식을 사지 않았다가 그 주식이 대박이 나기라도 하면 그땐 또 어쩔 것인가. 그간 잘못된 모든 판단은 내가 저지른 몫이 되어 평생 나를 무겁게 짓누를 게 뻔했다.

그래서 50% 손실을 머금고 주식을 팔고, 다른 주식을 샀다. 그리고 사자마자 -70%가 되었다.

남들 다 할 때도 열지 않았던 주식 계좌를 열고, 난생처음 자본주의 마인드에 편승해보았던 나의 시도는 처참했다. 더욱 한심한 것은, 내가 그 당시에도 이런 글을 프로필에 올려놓고 살았다는 사실이다. "그들이 돈을 쉽게 버는 건 똑똑한 투자여서가 아니라, 거품 때문이다 ― 짐 로저스."

오랜만에 동네 친구들과 만난 자리. 자연스럽게 주식에 대한 고민이 터져 나왔다. 그러자 그중 하나가 울듯 웃을 듯 한 표정으로 자기 이야기를 시작했다.

나 어렸을 때부터 제일 친했던 친구 A 있잖아. 왜 아파트 투자 잘해서 돈 많이 벌었다던. 그 친구가 얼마 전에 나한테 전화해서는 돈 좀 가진 거 있냐고 물어보더라고. 왜? 물었더니, 천만 원 정도 투자를 해보라는 거야. A의 언니가 시장 상인과 함께 돈을 모아서 어디에 투자를 하는데, 이게 이율이 3% 정도가 된다는 거야. 천만 원만 투자하면 매달 이자를 30만 원 정도씩 꽂아주니 엄청 쏠쏠하다는 거지. 내가 가지고 있는 현금이 없다 그랬더니 친구가 그러더라. 카드 있지 않냐고. 요즘 현금서비스 이자가 1.5% 정도밖에 안 되기 때문에, 돈을 빌려서 해도 1.5% 이득이라는 거야. 카드로 천만 원 정도 현금 서비스를 받아서 투자를 해도 15만 원이 남으니까. 그러면서 자기가 그렇게 몇 년 동안 투자해서 이자만 천 넘게 받았다는 거지.

그게 그럴듯해 보였던 게, 그 친구는 그동안 나와 달리 재테크를 잘했거든. 아파트도 몇 채 굴리면서 돈도 꽤 모았던 데다가, 입만 열면 늘 자기 언니 칭찬을 했거든. 언니가 하는 재테크에 비하면 자긴 새 발의 피라며. 그렇게 몇 년 동안 안정적으로 수익을 올리고 있는 자매인 데다, 그 친구로 말하자면 나한텐 소꿉친구와 다를

바 없거든. 그러면서 이렇게 좋은 기회가 없다는 거야. 놓치면 손해라는 거야. 나만 바보라는 거야. 생각해보면 그렇잖아. 내 돈 투자한다고 자기들 좋을 건 하나도 없잖아. 내 돈 투자한다고 자기들이 무슨 수수료를 받는 것도 아니고. 그래도, 일말의 의심이 아예 가신 건 아니었던지라 내가 잠시 망설이자, 친구가 말했어.

"걱정하지 마, 이거 지난 몇 년 동안 계속 잘됐던 거고, 중간에 변호사까지 끼어 있어. 절대 잘못될 일 없어."

미주알고주알 어렸을 때부터 서로 모르는 일이 없는 막역한 사이인 절친이 그리 말하니, 나도 그만 혹하고 말았지. 그래서 나는 내 친구 B까지 끌어들여 각각 천만 원씩 투자를 했어. 카드로 현금 서비스 받아서. 내 돈 하나도 안 들이고 나는 수익이잖아. 이거 완전 공짜 아니야?

정말 다음 달이 되자 통장에 30만 원이 꽂히더라? 그다음 달에도 다시 30만 원이. 다음다음 달에도 30만 원, 그렇게 석 달 만에 100여만 원이 통장에 들어왔어. 역시 돈은 이렇게 버는 거구나 싶더라. 하지만 같이 시작했던 친구 B는 중간에 갑자기 목돈이 필요하게 되었다면서 원금을 회수하고 이 일에서 빠졌어. 엄청 아쉬워

하면서. 나야 뭐 그만둘 이유가 없었지. 그러고 몇 주 뒤 친구 A한테 전화가 왔어. 목소리가 심각했어.

"이걸 어쩌지. 좀 전에 언니한테 전화가 왔는데, 중간에서 일 봐주던 변호사가 돈을 들고 날랐대."

시장 상인들과 A의 언니와 A와 또 그들이 끌어들인 친구와 그 친구들의 가족과 친척과 또 이웃의…… 피 같은 돈 수십억을 들고 튄 거야. 변호사가!

오랜만에 만난 이웃 엄마에게서 얼마 전 자기 절친에게 당한 얘기를 여기까지 듣고 났는데, 그만 아래서부터 부아가 치밀어 올라왔다. 내용이 어디서 들도 보도 못한 신종 사기에, 혀를 내두를 만큼 기발한 방식이어서가 아니었다. 그 수법이 너무 뻔해서였다. 옛날 할아버지와 아버지와 각종 신문지상에 수도 없이 오르내리던, 너무 뻔하디뻔한 수법이어서. 그게 아직까지도 너와 나에게 통하고 있어서. 그만 열불이 솟았다.

다 너를 위해서 그런 거야. 남들 다 하는 거야. 이거 안 하면 손해야. 왜 너만 맨날 그렇게 바보처럼 살아. 그렇게 우리를 늘 부추기는 소리.

평상시 나는 사기당하는 사람들을 보면서 이렇게

생각했다. 사기도 돈이 있어야 당하는 거지. 투자할 돈이 없는데 어떻게 사기를 당하냐. 당하는 사람도 더 돈 벌 욕심이 있었으니 당하는 거야. 애초에 돈이 없는 나 같은 사람은 벼락부자가 될 가능성도 없지만, 적어도 남에게 속아서 돈을 잃을 가능성도 없다. 그렇게 위로하며 살았다. 사기당하는 사람들이 나보다 더 어리석기 때문에 당하는 거라고도 생각하지도 않았다. 사기꾼이 작정하고 속이려 들면 나도 그들처럼 속을 것이 분명하다고. 그러니 애초에 수중에 돈이 없는 것이 다행이라고…… 안심하며 살아왔다.

하지만 그들은 그렇게 만만하게 물러서지 않는다. 돈이 없다는데도 어떻게든 돈을 찾아내게 해서, 어떻게든 투자하게 만든다. 다 너를 위한 거라고, 빚을 내게 해서라도 투자하라고 종용하는 선량한 이웃이자, 가족이자, 친구.

그들의 호의가 너무 선량해서, 호의와 사기 사이가 이렇게 가까워서, 돈이 돈을 버는 방식이 뭐가 나쁘냐며 오늘도 우리를 유혹하는 이 자본주의 세상에서. 우리 모두 익숙해진 채 살아가고 있어서. 그 뻔한 수법에 나도 혹하고 말았던 거구나 싶어서. 가슴이 시렸다.

그렇게 아버지와 똑같은 어른이 되었다

그렇게 쉽게 부모가 될 수 있을 거라 생각했어?

그해 여름. 교회 또래 집사님의 아버지 장례식이 있었다. 전세 버스에 실려 장례식장에 도착한 후 시작된 장례 예배. "평생을 목회자로 헌신했던 고인은 가족들에게도, 교인들에게도 인자하고 좋은 어른이었습니다." 이어 목사님을 입을 통해 한 사람의 인품과 살아온 내력이 잔잔하게 흘러나와 장례식장 안을 가득 채웠다. 눈시울이 뜨거워지며 눈앞이 흐려졌다. 아, 또 시작됐다. 재빨리 주머니에 손을 뻗어 티슈 몇 장을 움켜쥐었다.

나는 원래 시도 때도 없이 잘 운다. 그치기도 잘한다. 한두 번 삼키다 보면 곧 잦아들 것이다. 그런데 어찌 된 일인지 그날은 한번 터지기 시작한 눈물이 40분 가까운 장례 예배 동안 잠시도 멈추지 않고 흘러내렸다. 다른 사람들이 식사를 마치고 환담을 나누는 동안에도 나는 계속 한적한 곳을 찾아다녀야 했다.

그리 친하지 않았던 집사님 아버님의 평온했던 장례식. 아무리 그럴듯하게 설명하고 싶어도 정서적 인과 고리를 발견할 수 없었다. 지나치게 많은 감정으로 얼룩진 눈물. 그 부적절한 눈물의 의미는 그로부터 몇 개월이 지난 뒤에야 깨닫게 된다.

그즈음, 친구가 두 번째 갈아타라고 했던 주식이 회복 불가능한 수준으로 곤두박질쳤다. 보유한 주식은 처음 투자했던 원금의 10% 수준으로 떨어졌다. 그동안 애써 부정하려고 했지만 이제는 인정할 수밖에 없었다. 아무리 친구 편에 서서, 아니 나를 위해 변명하려 들어도 회복하기 어려운 수준이 되었다는 것. 나는 인정해야 했다. 친구 말만 믿고 주식에 투자한 돈을 모두 날렸다.

나는 아버지와 똑같은 어른이 되었다.

젊은 시절 운 좋게 메이저 신문사에서 인생의 첫 커리어를 시작한 아버지. 하지만 어디에나 있는 '자신을 괴롭히는 상사'를 견디지 못하고 이른 나이에 좋은 직장을 때려치운 아버지. 한번 사회의 톱니바퀴에서 떨어져 나온 아버지는 다시 돌아가지 못했다. 아버지는 할아버지가 남겨주신 시골의 땅을 조금씩 팔며 자식들을 공부시켰다. 남자 나이 40대 중후반. 아버지는 한창 인생의 전성기를 누려야 할 때 친구와 먼 친척과 또 누군가의 말을 듣고 여기저기 투자를 했다. 제대로 성공한 것이 없었다. 그때부터 아버지는 다른 사람에 대한 험담을 늘어놓기 시작했다. 누구 때문에, 속아서, 내 돈을 날렸다. 그 새끼만 아니었어도 내 인생이……. 그렇게 아버지는 남 탓하는 사람이 되었다.

　어떤 사람의 인생을 어찌 그가 쌓아온 재력과 명성으로만 평가할 수 있을까. 열심히 해도 다 성공하지 못한다. 능력이란 많은 것들의 조합이고 결정적으로 운도 어느 정도 따라줘야 한다. 그런 점에서라면 나는 아버지의 인생에 대해서 아무런 말도 얹을 수 없다. 하지만 이웃을 탓하던 아버지의 말년이 그것을 넘어 우리 집안에 여자가 잘못 들어와서, 그 여자가 자식을 잘못 키워서로 둔갑했을 때 나는 분노했다. 자신의 실패를 남에게 전가하는 이 못된 버릇은 대체 어디서부터 연유된 것일까. 누가 아버지 목에 칼을 들이대고 투자 안 하면 죽이겠다고 협박이라도 했다는 건가? 자기가 잘못 판단하고 투자했으면서 왜 맨날 남 탓인데?

그런 내가 아버지와 똑같은 어리석은 어른이 된 것이다.

친구가 내 목에 칼을 대고 나에게 주식에 투자하지 않으면 가만두지 않겠다고 협박이라도 했던가. 아니다. 그러지 않았다. 그녀처럼 나도 부모님께 든든한 딸, 자식들에게 떳떳한 엄마이고 싶어서. 모든 사람이 다 주식에 투자해 돈을 버는 사회에서 나만 맨날 바보처럼 아무것도 하지 않고 살고 있는 것 같아서. 가족에게 떳떳하고 싶어서, 아버지처럼, 나는 거품에 무임승차하면서도 부끄러운 줄 몰랐다. 내 돈을 남에게 맡겼다. 장밋빛 미래를 꿈꿨다. 남의 말만 믿고, 어리석게 따라 한, 미성숙한 어른이 되었다.

그날 내가 장례식장에서 흘린 그 눈물의 의미는 명백한 참회였다. 닮고 싶지 않아 그렇게 발버둥 쳤건만. 나는 아버지와 똑같은 어른이 되었다. 평생 아버지 하나 넘어서지 못한 것이다.

일본 감독 고레에다 히로카즈는 보통의 가족들 사

이에 카메라를 들이대고 그들의 오랜 균열을 담담하게 그려내는 감독이다. 그의 영화 〈태풍이 지나가고〉에도 나와 똑같은 주인공이 등장한다.

주인공 료타는 소설가. 15년 전 문단에 데뷔했지만, 지금은 흥신소 직원으로 살고 있다. 명목상으론 탐정소설을 쓰기 위한 자료조사 차라지만, 실제론 이 일로 근근이 먹고사는 형편. 의뢰인의 요구에 따라 바람난 아내의 뒷조사를 하고, 의뢰인의 아내에게 다시 역제안을 해 남편의 간통 현장을 찍어 건네는 이중거래도 마다하지 않는다. 그렇게 번 돈은 경륜競輪에 투자한다. 이혼한 아내에게 생활비를 줘야 하고 아들의 야구 글러브도 사줘야 하기 때문이다. 하지만 자신이 찍은 기수는 오늘도 그를 도울 생각이 전혀 없어 보인다. "넌 승부 근성도 없냐?"며 기수를 향해 애꿎은 성토를 날리며 도박장을 나서는 길. 동료에게 다시 만 엔을 빌려달라고 사정한다.

오늘은 어머니 집에 들르는 길이다. 얼마 전 돌아가신 아버지의 유품을 정리하기 위해서다. 정확히 말하면 아버지를 기억하기 위해서라기보다, 전당포에 저당 잡힐 만큼 쓸만한 것이 있는지 고르기 위해서. 아들이 남편의 방에서 뭔가 황급히 가방에 숨기는 걸 본 어머니는

다 안다는 눈빛으로 묻는다. 돈 떨어졌니?

어머니에게 료타는 대기만성 아들이다. 물론 아직까지 '대기'만 이룬 반쪽짜리 아들. 어머니는 베란다로 따라 나온 아들에게 무성하게 자란 귤나무를 가리키며 말한다. 이 나무는 료타가 고등학교 때 화분에 심은 귤씨가 자란 것이다. "이 귤나무 기억해? 꽃도 열매도 안 생기지만 너라고 생각하고 날마다 물 주고 있어. 그래도 애벌레가 이 잎 먹고 자랐단다. 나중엔 나비가 됐어. 꼬물꼬물하더니 파란 문양 나비가 됐지. 나중에 사진 보여줄게. 어쨌든 누군가에게 도움이 되고 있어."

민망해진 료타가 응수한다. "말씀 참 얄밉게도 하시네. 나도 세상에 도움은 되고 있어."

어머니는 웃으며 곧 태풍이 온다고 하니 화분을 벽쪽으로 옮겨달라고 부탁한다. 이까짓 것 식은 죽 먹기지. 하지만 화분을 옮기던 료타는 부주의하게 움직이다가 베란다 유리문을 산산조각 내버린다. 그리고 그가 친 사고는 나중에 매형이 대신 수습하게 될 터였다.

이 영화의 하이라이트는 료타가 한 고등학생을 찾아가 충고하는 장면이다. 여러 에피소드 중 짧게 스치고 지나가는 한 장면일 뿐인데, 영화를 보고 나서 유난히

이 대사가 내 귓가에 오래 맴돌았다. 남학생의 부모에게 돈을 받은 료타가 남학생에게 불륜 사진을 돌려주며 하는 말. "불장난 너무 하지 말아라."

그러자 남학생은 자신은 진심이고, 장난하는 거 아니라며 발끈하며 소리친다. "당신 같은 어른은 정말 되지 않을 거야!"

그러자 료타도 지지 않고 남학생을 향해 쏘아붙인다. "그렇게 쉽게 원하는 어른이 될 수 있을 거라 생각한다면, 큰 착각이야."

그렇게 쉽게 원하는 어른이 될 수 있을 거라 생각했어? 그렇게 쉽게 생각한 대로 살아질 줄 알았어? 그렇게 쉽게 부모가 될 줄 알았어? 아들 사춘기를 관통하며 누군가 내게 건넸던 말. "그건 큰 착각이야."

내가 그 모든 통과의례를 쉬울 거라 생각했던가. 아니, 나는 그렇게 생각하지 않았다. 그저 별생각이 없었을 뿐이다. 남들처럼 살면 대략 남들처럼은 살아질 줄 알았다. 여태 살아온 것처럼, 대단한 인물이나 훌륭한 부모가 되진 못하더라도 보통의 어른다움을 갖춘 괜찮은 부모 정도는 될 줄 알았다. 대단한 성취를 이루진 못하더라도, 다른 사람보다 모자란 부모는 되지 않을 거라고. 영광보다 안정을 원했을 뿐인데 이조차 욕심이었던 걸까. 결혼을 하고 아이를 낳기 전까지 내가 이루어낸 것처럼, 보통의 능력과 평균 정도의 운이 따라줄 줄 알았다. 하지만 아들 사춘기와 나의 갱년기를 지나며 알게 되었다. 내가 생각하는 보통의 어른스러움과 괜찮은 부모다움은 어쩌면 내 생각보다 훨씬 저 너머에 있을지도 모르겠다고.

료타는 그리 나쁜 어른이 아니다. 고등학생 때까지 그는 평범한 공무원이 되고 싶었다. 평생 어머니에게 얹혀살았던 무능한 아버지처럼 살고 싶지 않았다. 젊은 시절 어느 한순간 그의 재능은 반짝 꽃피었고 신춘문예에 당선되었다. 소설가가 되었다. 그에게 조금의 행운이 따랐다면 그는 그대로 어린 시절의 꿈을 이루며 썩 괜찮은 보통의 어른으로 살 수 있었을지도 모른다. 하지만 어느 시대나 그렇듯 글을 쓰는 일은 배고픈 일이다. 돈이 되는 일이 아니어서 아내와 아들을 옆집 남자만큼 만족시킬 수 없었다. 편집장은 펜을 좀 꺾어 대중의 구미에 맞춘 글을 쓰라고, 그러면 벌이는 괜찮을 거라고 충고한다. 삼류 만화 원작이나 도박을 소재로 한 글을 써보라고. 익명으로 쓰면 된다고. 하지만 그는 돈 때문에 자신의 영혼을 팔아넘길 수 없었을 뿐이다.

무능하거나, 간신히 무능을 벗어나 있거나, 다른 남자와 늘 비교되는 보통의 사람. 료타는 나처럼 어정쩡하게 나이 먹은 중년의 남자다. 아버지처럼 살기 싫어 버둥댔지만 결국 아버지와 붕어빵처럼 살고 있다. 괜찮은 부모 노릇은 하고 싶지만 현실과 타협하지 못한다. 모두 사람이 돈을 추구하며 사는 세상에서 이상 운운하며 갈팡질팡 복권이나 사는 남자. 하지만 세상은 진정성 있는 아빠보다 능력 있는 아빠를 더 좋은 아빠라고 말한다. 이런 식이라면 그는 얼마 안 가 돈 많은 부동산업자에게 아내를 빼앗기고 일주일에 한 번 겨우 보는 아들의 양육권마저 박탈당할 게 뻔하다. 아버지처럼 이룰 수 없는 꿈이나 꾸며 결국 마지막까지 시대 탓이나 하며 살게 될지도 모른다.

어디서부터 잘못되었던 걸까. 무엇을 놓치고 무엇을 잃은 것일까. 료타는 자신의 소중한 가치를 간직한 채 여전히 꿈꾸며 사는 괜찮은 어른일까? 현실을 외면하고 이상 속으로 숨어버린 미성숙한 어른일까? 내가 아는 건 이 사건 이후 아버지를 떠올릴 때마다 응어리졌던 내 마음 한구석이 이전보다 조금 말랑말랑해졌다는 것뿐이다. 아버지와 똑같은 어른이 되고 나서야 비로소, 그도 나처럼 괜찮은 부모 노릇 하고 싶어 하던 평범한 어른이었을 뿐이라는 걸 알게 되었다.

얼마면 만족할 거 같아?

노동소득과 자본소득, 그리고 조부모라는 계급

다니던 회사를 그만두었을 때. 우리는 더 이상 서울에 살 필요가 없었다. 남편 회사와 가까운 경기도로 이사를 하며 신혼 때 살던 서울의 아파트를 처분했다. 15년 전 당시 2억 초반에 팔았던 그 아파트가 지금 6억이 넘는다. 서울 아파트를 팔았다고요? 지금도 그 얘기를 하면 모두 깜짝 놀란다. 이제는 그 의미를 안다. '무려 서울의 아파트'다! 그때 우리가 조금이라도 재테크에 관심이 있었다면 절대 팔지 않았을 것이다. 서울의 아파트를 전세 주고 그 전세 대금을 받아 경기도 아파트 전세를 얻었을 것이다. 아니, 그 돈으로 은행에 대출을 조금 끼고 경기도의 아파트를 한 채 더 샀을 것이다. 그럼 지금쯤 은행 대출을 낀 아파트 한두 채쯤 가진 중산층 정도는 되었을 것이다.

하지만 우리는 그러지 않았다. 우리는 복잡하고 사람 많은 서울에 살 생각이 없었다. 궁극적으로 우리는 마당이 딸린 단독 주택을 원했다. 남편은 대한민국에서 제일 열심히 일하는 사람이었다. 우리가 아주 엉뚱한 짓만 하지 않는다면……. 우리는 믿었다. 시간이 지나면 자연스럽게 남들처럼 집 한 채 정도는 가지고 살게 될 줄 알았다.

퇴직금으로 4천만 원이 넘는 현금이 내 통장에 들어왔을 때, 내 평생 이렇게 큰돈은 처음이었다. 맞벌이 당시 남편은 아파트 대출 이자와 각종 보험과 공과금 등을 관리하고 있었고, 내 월급은 고스란히 생활비와 아이들 돌봄 비용으로 충당되고 있었다. 그러니 내가 대책 없이 회사를 때려치우자 당장 남편은 생활비를 대줄 형편이 못됐다. 그다음 달부터 통장에 들어온 퇴직금은 고스란히 생활비로 빠져나가기 시작했다.

딱 1년쯤 지나자 은행 잔고가 바닥을 드러냈다. 그때 알았다. 사람이 기본적으로 먹고사는 데 이렇게 많은 돈이 든다는 사실을. 한 달에 아이들 유치원과 학원 한

두 개 보내고, 영화와 외식 한두 번 하고, 1년에 한두 번 여행을 다니는 거 외에 여유를 부린다고 할 만한 것이 없었다. 명품 백, 화장품, 피부 마사지 한번 누려본 적이 없는데 먹고사는 데에만 인당 최소 100만 원 이상이 들어갔다.

아이들이 초등 고학년이 되자 영수 한 가지만 다녀도 아이 둘 학원비만으로 그 이상이 들었다. 그것이 또 다른 의미로 내 불안을 자극했는데, 그 말인즉슨 집안의 가장 한 사람이 아파 드러눕거나 직장을 잃고 재취업을 못 할 경우, 1~2년 만에 1억 원에 가까운 빚더미에 오를 수 있다는 걸 의미했기 때문이다. 1천만 원이 아니라 1억 원이다. 이미 실업한 데다 앞으로 혹 불운이 겹쳐 취업 전선에 뛰어들어야 할지도 모를 내겐 과거를 숨기고 사는 스파이처럼 불안함이 몰려들었다.

추석을 앞두고 시댁과 친정 경조사비로 목이 빡빡하게 조여오던 어느 날, 내가 뽀로통하게 한마디 건넸던가. 남편이 말했다. "도대체 얼마면 되는데? 얼마면 만족할 거 같아?"

그러게. 정말 나는 얼마나 많은 돈이 있어야 만족이 될까. 나도 궁금했다. 얼마나 있어야 중학교에 올라가 말끝마다 나를 거부하는 아들놈과 싸우고 난 뒤에도 세상이 살 만해 보이고, 지금과 별반 다를 거 없이 보이는 빤한 인생이 늙을 때까지 계속된다 해도 이렇게 살 바에야 차라리 죽는 게 낫지 않을까 하는 허튼 생각 따위 하지 않으며 살 수 있을까. 얼마나 있어야 가족 모임 때 용돈으로 10만 원을 넣을까 20만 원을 넣을까 하는 고민 없이 가족 모임이 기다려질까.

막상 지금 나를 조이고 또 풀릴 만한 일들에 대해 생각하자마자 머릿속에서 실타래가 끊이지 않았다. 가끔은 불행이 겹쳐왔다는 이웃집도 넌지시 돕고 싶고, 늘 먼저 나를 챙겨주던 친구들에게 한 번쯤은 먼저 먹음직스러운 제철 과일도 한 박스씩 보내주고 싶다. 임플란트 해야 하는 친정 엄마한테 애쓰셨다고 용돈도 좀 챙겨 보내고 서점에서 아이들 책 말고 내 책도 한두 권 맘 놓고 골라 담고 싶다. 유학까진 못 보내더라도 방학에 아이들 어학연수 정도는 보내주고 싶다. 그렇게 남들처럼, 아니 남들 반의 반의 반만큼만 이라도 돈에 구애받지 않고 살고 싶다. 내가 명품 백에 명품 화장품을 사달라는 것도 아닌데, 그 정도도 누리며 살면 안 돼? 우리 정말 그 정도도 안 되는 거니? 속으로 혼자 막 되뇌는데 갑자기 남편이 본인도 믿기지 않는다는 표정으로 이렇게 말했다.

"내 연봉이 상위 10%래."

기사를 뒤져보니 남편 말이 맞았다. 물론 10% 구간 곡선 그래프 중에서 길게 늘어선 뒤꼬리 정도더라도 말이다. 집 한 채도 없이 매달 카드값이나 겨우 메꾸며 사는 우리가 상위 10%라니. 믿기지 않았다. 기사를 찾아보니 보통 중산층의 기준을 '30평형 아파트 1채, 월 급여 500만 원 이상, 중형차 1대, 현금 1억, 해외여행 연 1회'로 나눈다고 했다. 아파트와 보유 현금이 없어서 그런가. 하지만 그런 건 매달 들어가는 생활비랑은 아무 상관 없는 거 아닌가? 그도 아니면 중소기업과 대기업의 차이에서 오는 건가? 상여금이나 연말 성과급이나 복지제도의 차이? 그래서 다들 기를 쓰고 대기업에 가고 공무원이 되려고 하는 걸까.

하지만 이제는 안다. 그건 가장의 능력과 노동소득과는 그다지 상관없다는 걸. 그건 바로 '조부모' 때문이었다. 그들이 축적한 부동산과 그것이 드리우는 여유. 어린 시절 강남에서 함께 지내던 친구들은 남편의 월급으론 나처럼 먹고사는 기본 문제를 해결했다. 하지만 매달 그만큼의 돈이 다시 그녀들의 통장에 꽂혔다. 서울에 건물과 아파트를 소유한 조부모들이 집에 다녀갈 때마다 손주들의 학원비를 쏘아주셨다. 그들에게 돈은 더 이상 필요치 않았다. 이제 필요한 건 명예. 명문대와 대기업이나 '사'자 돌림의 그것. 그들의 재력과 부를 유지시키고 더욱 빛나게 할, 자식과 손주들의 성취와 번영이. 그렇게 친구들은 조부모의 조력으로 아이들 학원비와 뷰티 마사지샵과 골프 클럽 연간 회원권을 끊었다. 돼지 엄마가 되어 똘똘한 아이 엄마들과 함께 편 먹고 입시 정보를 수집하며 다녔다.

경제 부흥기. 부동산으로 부를 축적한 조부모들은 노년에 일하지 않아도 돈이 넘쳐날 만큼 많았다. 강남에서 자란 친구들의 부모님은 강남을 떠나지 않았고, 그들은 아파트 한 채를 깔고 앉아 있는 것만으로도 한 집안의 가장이 평생 벌어오는 것보다 많은 돈을 모았다. 어떻게 한 인간이 사십 평생 매일 하루 8시간 이상의 시간과 노력을 전부 박아 넣어 마련한 자산보다 아파트 계약서 몇 장에 사인을 하며 시세 차익으로 이룬 부가 훨씬 더 많을 수 있을까. 어떻게 그렇게 말도 안 되는 세상이 될 수 있었을까.

강남 일대가 아직 진흙밭이던 40년 전. 30평대 은마 아파트 첫 분양가가 2천만 원대였다! 지금 그 동네 아파트가 최소 40억이 넘으니…… 대체 그동안 몇 배가 오른 거지? 20배? 아니, 무려 200배가 올랐다! (이 계산이 맞나? 쓰면서도 체감이 안 된다. 누가 틀렸다고 말 좀 해주세요!) 무슨 사과 한 박스도 아니고 아파트 한 채가 40년 만에 몇백 배 수준으로 뛸 수가 있나.•

    그러니까 그 시절은 '우연히' 강남에서 시작하는 것만으로도 재산을 증식할 수 있었다는 말이다. 그때 우리 부모님이 재산을 불리는 데 조금 더 적극적이었다면, 아버지가 회사를 때려치우느라 아파트를 팔고 변두리로 밀려나지만 않았다면, 나와 내 아이들도 지금쯤 강남에 건물 두세 채 정도는 가진 든든한 뒷배, 조부모의 후광을 입고 있을 터였다. 아이를 낳고 나서 친정 엄마 옆으로 이사가 강남에서 결혼 생활을 시작하던 내 친구들처

•   내가 어린 시절을 보낸 곳은 강남이었다. 내가 살던 고층 아파트 뒤쪽으로는 저층 주공아파트들이 끝도 없이 들어서 있었지만, 베란다 앞쪽은 여전히 비만 오면 맹꽁이가 울어대는 논밭이었다. 겨울이 되면 그곳은 물을 채워 임시 스케이트장으로 변신하곤 했다. 볼을 빨갛게 하고 신나게 얼음을 지치다가 역시 임시로 설치된 포장마차에서 떡볶이를 사 먹던 어느 겨울 오후가 생각난다. 얼얼했던 발목이 스케이트 날을 곤추세워 볏짚과 진흙이 뒤엉킨 바닥을 조심스럽게 내디디던 오후가. 그곳이 지금의 타워팰리스다.

럼, 친정이 강남이란 이유만으로 부모님이 돌아가시면 작은 부동산 하나만 물려받아도 남편이 평생 벌어온 것보다 많은 유산이 생길지도 모른다는 그 가능성만으로도 목소리에 당당하게 힘이 들어가는 내 어린 시절 친구들처럼. 그랬다면, 나는 지금 좀 더 남편 앞에서 면이 섰을까.

계급도 사라지고 누구나 노력하면 자신이 원하는 것이 될 수 있다는 자유민주주의 국가에, 여전히 계급이 있었다. 그것은 경제 호황기 부동산을 깔고 앉아 부를 이룬 조부모라는 계급이었다.

옆집 남자, 옆집 여자

왜 우리는 같은 욕망으로 들끓을까

퇴사를 하자 남편의 월급으로만 살아야 했다. 그건 카드 할부 대신 뒷자리가 9천 원 단위로 떨어지는 옷을 사고, 서점 대신 도서관을 이용해야 한다는 것을 의미했다. 남편 몰래 시댁이나 친정에 용돈을 드릴 수 없게 되자 명절에 모이는 것이 점점 즐겁지 않았다. 전업 맘이 된다는 것은 각종 이웃집 정보에도 고스란히 노출된다는 것을 의미했다. 영어와 수학 같은 필수 사교육부터 피아노, 축구, 생태 따위 선택적 사교육까지. 이웃집 사교육의 질과 가짓수는 그대로 그 집안의 경제력을 드러냈다.

큰아이 8세 때 처음으로 사교육을 시작했다. 레고 조각을 매뉴얼대로 만들고 나서 다시 부수어 자기만의 레고를 만들기 시작한 아이를 보고 가까운 레고 센터를 찾았던 거다. 홍보 책자에 의하면 그곳은 레고 모형에 동력 장치를 달아서 컴퓨터로 프로그래밍하여 작동하게 하는, 소위 미래의 로봇 공학자들을 길러내는 산실이었다. 어느 정도 기초 과정을 익힌 아이들은 매해 전국 대회에 팀으로 출전해 서로의 기량을 겨루는데, 그때 처음 알았다. 이렇게 취미가 곧 기량이 되고 팀워크를 배우는 문화 같은 것에 내가 소위 로망이 있었다는 것을! 그리고 두어 해쯤 뒤, 그 학원에서 두뇌 계발의 일환으로 '체스 과정'을 신설했을 때, 나는 주저하지 않고 다시 지갑을 열었다.

문제는 방학을 이용해 잠시 체스의 기초만 익히는 것으로 알고 있었던 체스 과정의 판이 커지면서 시작됐다. 학부모들의 열화와 같은 성원에 힘입은 체스 코치가 어느 날 그해 체코에서 열리는 오픈 대회에 아이들을 데리고 출전하겠다고 선언을 한 것이다. 당연히 입상은 목적이 아니었다. 세상엔 그런 세계도 있다는 걸 우리 아이들이 자연스럽게 경험하면 얼마나 좋겠냐며, 공부 아닌 무언가가 너무 좋아서 전 세계에서 사람들이 한곳에 모여 겨루기도 한다는 걸, 근데 하필 그게 두뇌 계발도 되는 오래전부터 검증이 된 어떤 것이니 얼마나 좋으냐며.

나는 마치 신세계를 만난 것 같았다. 어학연수도 유학도 특별한 일이었던 우리 세대와 우리 아이들의 세계는 분명 달랐다. 당시 과열된 대한민국 교육에 적잖은 반감을 가지고 있던 나는 이게 국영수처럼 점수로 바로 환원되지 않는 방식이어서 더 마음에 들었다. 과녁을 비껴가는 듯 과녁을 향해 달려가는 방식. 적어도 다른 아이들처럼 똑같이 국영수를 향해 일렬로 달려가는 방식이고 싶지는 않았다. 같은 돈을 써야 한다면, 내 아이에게는 특별한 경험을 주고 싶었다.

이 계획과 비용에 대해 남편과 시댁과 친구들에게 이야기했을 때 그들의 반응은 대체로 비슷했다. '웬 돈지랄?' 지금 생각해보면 나는 얼마나 나이브했던가. 남편은 아이를 학원에 보내는 것을 세상 쓸데없는 일이라고 생각하는 사람이었다. 남편은 학원도 과외도 어머니의 잔소리 한마디도 없이 알아서 공부 잘하는 사람이었다. 시댁은 학교 공부 외에 돈을 들이는 것 자체를 이해하지 못했다. 사교육 없이 아이 키우기 선봉장쯤 되던 친구는 이게 시작이라고 했다. 다들 첫째 때나 멋모르고 해보는 돈 낭비라고, 이제 시작하면 점점 가짓수가 늘 거라고도 했다. 학원이란 게 다 그렇게 엄마들의 불안으로 장사하는 곳이라고 했다. 남편은 고등학교 때 유학을 갔는데, 시댁은 남편이 대학에 들어가 졸업할 때까지 뒷바라지를 했다. 친구는 학원에 아이를 안 보내는 대신 집안 책장 가득 빽빽하게 책을 사들이며 살고 있었다. 그런데 나의 욕망은 고작 쓸데없는 돈지랄이라니.

그때도 주장하지 못하는 여자였던 나는 그들의 반응에 개복치처럼 흔들렸다. 그렇게 체코 체스 오픈 대회 참가는 무산되었다. 내 아들만 대열에서 이탈했다. 허영심이었을까? 지금도 잘 모르겠다. 분수에 맞게 산다는 말은 무엇일까? 만약 내가 그때 회사를 그만두지 않았다면? 몇백만 원을 카드로 당겨 써도 다음 달 월급이 어느 정도 커버해주는 맞벌이였다면 그 정도쯤 욕망해도 되는 것일까.

우리가 사교육에 목을 매는 이유는 다 좋은 대학에 아이를 보내고 싶어서다. 좋은 대학은? 더 좋은 직장을 얻기 위해서고, 좋은 직장은? 더 많은 돈을 벌기 위해서다. 돈 걱정 없이 살고 싶어서다. 명절 때 부모님께 용돈도 넉넉히 드리고, 아이들이 마음껏 자신의 잠재력을 발휘할 수 있도록, 좋은 아들이자 좋은 아빠이자 좋은 며느리이고 싶어서. 그래서 모든 집이 자신이 가진 모든 자원을 긁어모아 아이 교육에 투자한다. 누군가에게 좋은 사람이고 싶은 게 나쁜 일인가?

어느 날 신문에서 강남의 평균 사교육비가 우리 집 한 달 생활비를 훌쩍 넘긴다는 기사를 읽고 나서 '그게 말이 돼?'라고 냉소했을 때, 동네 엄마들은 아무도 따라 웃지 않았다. 이웃 동네 분당 사는 누구네 집 아들이 지금 고3인데 그 집 아들이 원룸에서 선생님을 들여 생활하고 있다고 했다. 자퇴를 했는지 검정고시를 봤는지 체험학습을 끌어 썼는지, 학교를 가지 않고 셀프 기숙 생활을 하고 있었다. 각각의 과목을 담당하는 선생님들이 제시간에 오가고, 밥하고 빨래해주는 아줌마가 틈틈이 들락거린다고도 했다.

내 쓰임을 제한하는 건 그럭저럭 참을 만했다. 하지만 아이 밑에 들어가는 것이 제한되기 시작하자, 그때부터 내 안의 욕망이 꿈틀거리기 시작했다. 옆집 남편과 옆집 여자와 그들의 벌이와 씀씀이와 교육 정보와 진학 커리큘럼 모두 내 욕망의 사정거리 안에 들어왔다.

르네 지라르의 '욕망의 삼각형 이론'에 의하면, 우

리가 무언가를 욕망할 때 우리는 꼭 '누군가를 통해' 욕망하게 된다. 가령 샤넬 백이 있다고 하자. 샤넬 백 그 자체로 욕망할 만한 물건이라면 샤넬이 왜 굳이 비싼 돈을 들여 제니를 모델로 쓰겠는가. 샤넬은 제니에게 샤넬 백을 들고 광고를 찍게 한다. 제니가 든 가방은 세계적인 케이팝 스타로서의 제니의 능력과 명성과 그녀의 라이프스타일을 함축한 물건이기에, 우리도 샤넬 백을 들면 마치 내가 제니가 되기라도 할 것처럼 착각하게 만드는 것이다.

모방 욕망은 그 자체로 전혀 나쁜 것이 아니다. 아기가 태어나서 엄마가 하는 말을 반복해서 듣고 따라 하며 자연스럽게 언어를 익히게 되는 것처럼, 모방은 인류 문명을 형성해 온 원동력이며 인류 문화는 모방욕망을 통해 패턴화된다. 민족, 사회, 국가는 각기 나름의 고유한 전통과 문화를 갖게 된다. 하지만 모방 욕망은 주변으로 전파되면서 점차 가열시키는 속성이 있는데, 가령 누군가 그것을 가졌다는 것만으로 한층 더 가지고 싶은 마음을 끓어오르게 한다는 것. 한 공간에서 서로 다른 장난감을 가지고 놀 때 아이들은 싸우지 않지만, 두 아이가 한 장난감에 동시에 꽂히면 그때부터 서로 갖겠다고 싸움이 시작되는 것처럼.

재밌는 건, 모방 이론에서 광고 효과가 제대로 발휘되기 위해선 그 물건을 광고하는 모델이 우리와 비슷한 급이어야 한다는 것이다. 우리는 그 대상이 욕망할 만한 대상일 때만 그 물건을 욕망한다. 내가 샤넬 백을 가지고 싶어 들끓진 않지만, 옆집 아들이 다니는 학원엔 들끓게 되는 이유다. 그 정도는 우리도 할 수 있을 것 같거든. 그렇게 하면 내 자식도 될 수 있을 거 같거든. 모두 다 그렇게 하고 있는 것도 모른 채. 우리가 끊임없이 옆집 남편과 옆집 아내와 옆집 아들을 내 남편과 내 아내, 그리고 내 아들과 비교하며 사는 이유다.

문제는 모방 욕망의 끝이다. 르네 지라르의 또 다른 이론인 '모방 욕망과 희생양 메커니즘'에 의하면 이 모방 욕망의 끝은 폭력이다. 사회 구성원들이 모두 똑같은 것을 향해 욕망이 끓어오르면? 자원은 한정되어 있으니 종래에 당연히 폭력적인 상황으로 치닫게 된다. 위기가 절정에 달하면 대중은 만장일치적 모방 폭력의 물결에 휩싸이게 되는데, 사회는 이 폭력 위기를 종식시키기 위해 희생양을 찾는다는 것이다. 이때 희생양은 사회에서 가장 약한 것 중 하나가 선택되고 대중은 그것에 모든 책임을 전가한다. 만장일치적 분노가 희생양과 함께 불타오르며 나머지 구성원들의 욕망도 사그라든다. 한 사람의 희생을 통해 나머지 사회가 결속하고 일시적 평화가 찾아온다.

르네 지라르는 이런 희생양 메커니즘을 모든 문화와 신화에 전해 내려오는 '제사와 제의'의 기원으로 보았는데, 여기서 중요한 것은, 대중은 자신의 분노를 쏟아부은 후에야 비로소 희생양이 무고했다는 사실을 깨닫게 된다는 것이다. 그러다 보니 대중은 자신들의 죄책감을 달래기 위해 이들을 신이나 별자리로 격상시켜주는 식의 제스처를 취하게 되는데……. 이것이 신화에 등장하는 신이나 별자리 이름에 그 당시 사회적 지위가 낮았던 여성이나 장애인이 많이 등장하는 이유라는 것이다.•

"사람들이 다 너무 분노가 많아." 요즘 독서 모임에서 이야기를 나누다 보면 이르는 결론이다. 어쩌면 지금 우리 대한민국 사회를 설명하는 여러 가지 이름들 – 왕따와 집단 따돌림, 갑질 문화, 높은 자살률, 우울과 무기

• 르네 지라르, 《폭력과 성스러움》, 김진식·박무호 옮김, 민음사, 1997.

력증, 남녀혐오와 갈라치기, 댓글 부대와 마녀사냥, 극우 보수와 진영논리, 빈부격차와 상대적 박탈감, 흙수저와 헬조선 – 모두 이런 모방 욕망과 희생양 메커니즘의 산물이 아닐까. 모두 같은 방향을 향해 경쟁적으로 달리다 보니 필연적으로 뒤따라오는 열패감. 그것들이 만들어낸 또 다른 이름들.

멀리 갈 것도 없었다. 어느 날 돌아보니 내가 말끝마다 돈 돈 하는 여자가 되어 있었다. 신앙적 양심을 걸고 나는 한 번도 돈을 좇아 산 적이 없었다. 정말이다! 그랬다면 서울 아파트를 팔고 경기도로 내려왔겠는가! 그런데 중년의 나는 언제부턴가 돈 돈 거리고 있었다. 온 세계가 자본주의 세계로 재편되고, 모든 사람이 대학과 대기업과 주식과 부동산을 향해 한 방향으로 달려가고 있는데. 나 혼자만 그 물살에 적극적으로 올라타지 않아서. 여태 옆집이나 곁눈질하면서 갈팡질팡 살고 있어서.

돈을 사랑하지 않아서 이렇게 돈 돈 하는 여자가 되었다.

아담과 하와의 첫 번째 죄

하마르티아, 어긋나는 화살

큰아이 아홉 살, 둘째가 여섯 살 때다. 이웃집 아빠가 토요일 아침이면 아들내미를 데리고 수영장에 갔다가 맥모닝을 사 들고 귀가한다는 얘길 들었다. 매주 아빠와 수영장에 가는 아들들이라니, 너무 멋지지 않은가! 새벽 1시가 넘어 귀가해 아침부터 TV 앞에 앉아 비몽사몽이신 우리 집 그분. 긴가민가한 마음으로 섭외에 들어가보았으나 씨알도 안 먹혔다. "애들끼리 들여보내면 되잖아."

이 깔끔한 한마디에 수영복 가방을 챙겨 들고 아이들과 집을 나섰다. 다행히 이 동네로 이사 오며 남편이 모닝 한 대를 뽑아줬다. 나는 이제 오너 드라이버다. 이 말은 꼭 남편이 아니어도 어디든 갈 수 있게 됐다는 말씀. 평소에 꼭 '아빠'여야 한다고 생각해본 적도 없다. 다만 아이들이 이제 여자 탈의실에 같이 들어갈 수 없는 나이가 됐다는 게 문제. 탈의실 앞에서 큰아이에게 잘 설명한다.

"○○야. 우리 집에 아빠 없으면 그다음에 누가 아빠랬지?"

"응. 나 형님이 아빠지."

"맞아. 너 이제 초등학교 2학년 형님 됐잖아. 동생 잘 챙겨서 수영복 갈아입히고 수영장으로 올 수 있지?"

"응!"

워낙에 물을 좋아하는 아이들이다. 아기 때도 물만 보면 뛰어들어 허우적거리는 걸, 건져놓으면 또 뛰어들고 또 뛰어들었다. 수영장이면 사족을 못 쓴다. 잘할 수 있을 것이다. 남녀 탈의실이 갈라지는 곳에 서서 아이들 수영복 가방을 건네주며 신신당부를 한다. 신발은 신발장에 잘 넣고 사물함 키 꼭 챙기고. 샴푸랑 수건은 선반에 놓고 들어가고, 샤워장에서 깨끗이 씻고……. 걱정하며 갈라선 입구. 아이들보다 먼저 가 있으려고 급하게 씻고 수영장에 들어섰는데, 녀석들은 이미 물속에서 첨벙거리며 놀고 있었다. 얼마나 기특하던지! 다른 아빠들처럼 수영장 바닥을 기어다니며 애들 목말도 태워주고, 한껏 들어 물에 던져주기도 하고, 잠수 놀이도 하며 신나는 토요일 오후를 만끽했다.

물놀이 마치고 동생 샤워까지 말끔히 시키고 발그레한 얼굴로 출입구로 걸어 나오는 큰아이를 보자, 고마움과 설움이 동시에 밀려들었다. 그때부터였던가. 남편에게 아빠 역할을 기대하지 않게 된 것이. 아빠가 못하면 엄마가 하면 될 일이다. 꼭 함께해야 한다고도 생각하지 않기로 했다. 너는 왜 다른 아빠들처럼 하지 않니, 속으로 벼르며 그를 깎아내리지도 말자 했다. 대한민국에서 아빠 없이 아이 키우는 집이 우리 집뿐이랴. 디폴트를 '없음'으로 해두거나 '나'로 해두면, 적어도 원망하거나 탓하지 않게 되겠지.

늘 옆집 남자보다 못하는 우리 집 남자. 그런 그 남자가 어느 날 교회 부부 모임에서 '최선'에 대한 주제로 이야기 나누고 있었는데 누군가의 질문에 이렇게 대답하고 있었다. "나는 항상 최선을 다한다"라고. 여느 집 맞벌이 남편처럼 가사를 적극적으로 분담하지도, 여느 집 아빠처럼 아이랑 온몸으로 놀아줄 줄도 모르는 그 남자는 대체 어느 별에서 홀로 최선을 다하며 살고 있다는 걸까. 내가 생각하는 이상적인 옆집 남자들에 비하면 하나에서 열까지 다 이상했는데. 그리고 그날 이 질문 저 질문 끝에 이해의 실마리 하나를 물었는데, 그건 바로 나와 남편의 최선의 기준이 다르다는 사실이었다.

남편은 늘 지구 중심에 '자기'가 있었다. 남녀노소 어디 가서 누구를 만나도 이 남자는 주눅 들지 않았다. 남편은 결코 자신을 남과 비교하지 않았다. 게다가 "우리 시대 땐 남자가 유모차 밀고 다니면 뒤에서 수군거렸데이"라거나 "남자가 부엌에 들락거리면 큰일 못한데이"라는 말을 신념처럼 삼던 어머니 밑에서 자랐다. 그러니 그는 자신의 아버지가 밀지 못한 유모차를 밀고, 기저귀를 갈 줄 아는 것만으로도 충분히 최선을 다하며 살고 있었다. 내 입장에서야 요즘 세상에 그건 맞벌이 부부라면 당연히 해야 하는 최소한의 자질이었건만.

그러니 남편의 논리에 의하면 나는 맨날 줏대 없이 옆집 남자랑 비교하는 형편없는 여자였고, 남편은 "나의 경쟁상대는 늘 나 자신뿐이죠!"라고 말하는 멋진 남자였던 것이다. 그렇게 남편은 자기 기준에 비해 늘 최선을 다하는 남자가 되고, 나는 남의 기준에 비해 늘 미달

하는 못난 여자가 되었다.

　몇 년 후 캠핑 붐이 일었고, 별 기대 없이 남편에게 "우리도 캠핑이나 해볼까" 했을 때의 남편은 좀 달랐다. 말이 꺼내기가 무섭게 캠핑 장비와 용품을 보러 다니고, 새것과 중고를 적절하게 배합한 합리적 가격에 물건을 사들이더니 그때부터 아이들을 데리고 캠핑을 다니기 시작했다. 갯벌에서 조개며 해산물을 잡을 수 있는 서해안과, 서핑을 할 수 있는 동해안, 다이빙을 할 수 있는 계곡까지…… 적지 않은 캠핑을 다녔다. 봄 여름 가을 겨울의 저마다 다른 계절의 정취를 맛보았다. 그러면서 알게 됐다. 어떤 아빠는 아이와 몸 놀이를 하고, 어떤 아빠는 캠핑을 다닌다는 사실을.

　그는 눈에 보이는 집을 짓는 사람이다. 그에게 텐트를 친다는 건, 무에서 유를 만들어내는 의미 있는 일이다. 눈앞에서 뚝딱뚝딱 집 한 채가 지어지고, 노력한 만큼 바로 눈앞에 세워진다. 이 얼마나 생산적이고 건설적인가. 반면 아이와 부대끼고 몸 놀이를 하고 으르렁거리며 환호하는 일은 보이지 않는 집을 짓는 일이다. 애당초 소음 데시벨에 취약하고, 혼자 있기 좋아하고, 아버지와 몸 놀이 해본 기억이 없던 그에게 도무지 어필할 수 없는 종류의 일이었을 것이다.

남편들이라고 다 자기 취향을 무시하고 아이들과 놀아주는 게 아니었다. 어떤 아빠는 너프 총을 종류별로 사들여 노루 새끼처럼 뒷산을 뛰어다니며 아들과 총놀이를 한다. 어릴 때 총이 너무나 갖고 싶었던 아빠다. 어릴 적 야구 선수가 꿈이었던 아빠는 주말마다 운동장에 나가 글러브를 끼고 허리가 나갈 때까지 아들에게 공을 던져준다. 그렇게 아들을 통해 결핍했던 자신의 유년을 보완하고 있었다.

나와 다른 기질과 다른 환경과 가치관을 가지고 살아온 남편은 얼마나 나와 다른지. 결혼 생활은 이렇게 빗나가는 순간들의 총합이었다. 그걸 수도 없이 반추하고 나와 다른 타인인 그를 이해해보려고 노력하는 시간들의 총합.

아리스토텔레스가 쓴 《시학》에 의하면, 그리스 비극 속 주인공들은 '하마르티아(결점)' 때문에 파멸에 이른다. 그리스어로 '과녁을 빗나가다'를 의미하는 이 단어는 신학적 용어가 되면 좀 더 인간의 책임에 무게가 실린다. 신학에서의 '하마르티아(죄)' 역시 과녁을 빗나가는 화살인데, 신의 창조 목적을 빗나가며 매번 어긋난 선택을 하는 인간의 화살이다.

그리스 비극 속 하마르티아(결점)는 인간의 선천적이거나 도덕적인 결함에서부터 사소한 판단 착오까지 다양하다. 중요한 것은 주인공들은 그들이 지닌 결함의 크기에 비해 너무 큰 고통과 불행을 맞게 된다는 것. 비극의 주인공은 다른 사람보다 뛰어난 능력을 가지고 있음에도 사소한 하마르티아 때문에 운명처럼 비극으로 걸어 들어가게 되는데…… 그의 결점이 악의가 없고 사소하다는 점에서 그의 불행은 더 비극적으로 느껴지게 된다고 한다. 오이디푸스가 제아무리 자신의 운명(아버지를 죽이고 어머니와 결혼하게 된다는 신탁)을 피하려 한들, 그의 결점(자신의 왕국 테베에 전염병이 도는 이유를 꼭 알아내고야 말겠다는 의지)이 결국 그를 파멸로 몰고 가는 것처럼. 오이디푸스에게 근친상간의 운명을 지어놓고 그가 그의 운명을 따랐다고 저주를 내리는 신의 역설 앞에서 우리는 오이디푸스에게 더 동정하게 되는 것이다.

반면 신학 속 하마르티아(죄)는 인간의 자유의지에 좀 더 방점이 찍힌다. 신은 인간을 창조한 후 인간의 '인간됨'을 위해 자유의지를 부여한다. 인간이 자유의지를 통해 선한 선택을 하고 아름다운 세상을 만들기를 원한다. 하지만 인간은 선악과를 따먹고 선악을 판단하는 자가 되면서 스스로 신의 자리에 올라선다. 신의 명령에 불순종하고 자기 욕망에 눈멀게 된 인간의 화살은 계속 과녁을 빗나가는 방식으로 작동한다. 기독교에서 말하는 '죄인'과 '죄된 세상'은 이렇게 신의 창조 목적에서 벗어난 인간의 자유의지에서 잉태된 개념이다.

사람은 누구나 좋은 사람이 되고 싶어 한다. 나에게 그리고 너에게, 우리 모두에게. 심지어 흉악한 범죄를 저지르고 교도소에 수감된 이들도 자신이 좋은 사람이길 원한다. 좋은 사람이 되고 싶다는 열망만큼은 머리 위에 빛나는 별만큼 우리 인류의 마음속에서 오래전부터 반짝였다고 생각한다. 하지만 오십을 지나며 나에게 현실은 매일 열역학 제2법칙이 진리임을 증명하고 있었다. 어쩐지 인간은 시간이 지날수록 점점 더 나빠지는 것만 같다. 눈멀어 시작한 결혼 생활도, 눈부셨던 육아도 시간이 지나며 점점 훼손되었다. 아무리 좋은 의도로 시작한 일도 누군가에게 날아가며 뜻하지 않은 오해를 빚었다. 이상처럼 살아지지 않고 현실과 타협하며 살게 되었다. 문제가 뭔지 뻔히 아는데도 잘 돌이키지 못했다. 인간은 모두 좋은 사람이 되고 싶어 하지만 어쩐지 매번 어긋나기만 하는 화살 같았다.

최초의 남자와 여자만 해도 그렇다. 그들이 선악과를 따먹은 뒤 맨 먼저 한 일은? 서로에게 손가락을 날리는 것이었다. 하나님이 열매를 먹었느냐고 묻자, 그 남자는 핑계를 대었다. "하나님께서 저와 함께 살라고 짝지어 주신 여자, 그 여자가 그 나무의 열매를 저에게 주기에, 제가 그것을 먹었습니다." 여자도 핑계를 대었다. "뱀이 저를 꾀어서 먹었습니다."

우리는 최초의 인간인 아담과 하와의 죄가 불순종 때문이었다고 알고 있다. 하지만 아니다. 신이 금지한 선악과 좀 따먹었다고 뭐가 그리 대수이겠는가. 선악과를 따먹고 눈이 밝아져 자신이 벗었다는 사실을 알게 되어서? 요즘처럼 온갖 패악질을 저지르고도 수치심을 느끼지 못하는 인간이 허다한 세상에서 수오지심羞惡之心은 오히려 인간의 도리에 꼭 필요한 자질이 아닐까.

내 생각에 그들의 잘못은, 자기가 저지른 잘못을 다른 사람에게 돌린 것이다. 이제 갓 지어진 인간이 신에 대해 알면 얼마나 안다고. 그들은 모른다. 어린아이를 보라. 어리석어 제 갈 길로 갈 따름이고, 실패하고 돌아와 깨달을 뿐이다. 인간은 늘 어긋난다. 본의 아니게 죄를 짓는다.

중요한 건 잘못을 저지르는 게 아니다. 그 어리석음이 다른 누구의 것이 아닌, 내 것임을 인정하는 것이다. 돌이켜 다시 반복되지 않도록 회개하는 것이다. 하지만 우리는 좋은 사람이 되고 싶은 열망이 얼마나 강한지, 자신의 잘못을 인정하지 않는다. 남에게 탓을 돌린다. 그것이 최초의 남녀가 저지른 첫 번째 죄목이다. 책임 전가. 인류 최초의 잘못 치고 너무 의미심장하지 않은가.

결혼하기 전, 나는 이 남자의 세계가 좋았다. 하지만 결혼은 그렇지 않았다. 하나여야 할 우리는 매 순간 어긋나는 일투성이였다. 늘 옆집 남자와 옆집 여자의 총합과 비교하며 서로의 민낯을 드러냈다. 어쩌자고 인생의 너무 많은 것을 뒤바꾸는 선택을, 너무 철모를 시절에, 너무 관습적으로 선택했나. 그렇게 불행하다는 생각에 잠식될 때마다 손가락을 들어 올렸다.

어느 날. 내 것인지 그의 것인지, 너를 향한 것인지 나를 향하는 것인지 모를 목소리가 속삭였다. "당신이 불행한 건 유감이야. 하지만 당신의 삶이 불행하다는 이유로 욕먹는 건 이제 지긋지긋해."

그 자리에 엎드려 참회했다. 그렇게 위태한 고비 고비를 건너왔다.

우리는 어쩔 수 없이 모순과 손잡고

미성숙은 어떻게 자라 악이 되는가

10년 전에 나온 양귀자의 소설 《모순》이 최근 20대 여성들 사이에서 다시 돌풍을 일으키고 있다고 해서 읽어보았다.

주인공은 20대 평범한 회사원 진진. 어느 날 아침 잠에서 깬 그녀는 자신이 이제껏 인생을 너무 볼륨 없이 빈약하게 살았음을 각성하고 이렇게 선언한다. 일생일대의 가장 중요한 선택 중 하나인 결혼에 있어서만큼은 자신의 전 생애를 걸고 탐구해본 후 후회 없는 결정을 내리겠노라고. 아닌 게 아니라 그녀는 현재 언뜻 상반된 듯 보이는 두 남자, 나영규와 김장우 사이에서 저울질하며 비밀 연애를 이어가는 중이다.

나영규. 그는 유복한 가정에 유망한 직업, 성실함과 자신만만한 미소를 가진 남자다. 고등학교 때부터 결혼할 나이를 정해놓았던 그는 얼마 전 진진에게 고백했으며, 그녀가 자신의 청혼을 거절할 리 없다고 철떡 같이 믿고 있다. 그의 삶은 즉흥적이거나 우연이라곤 끼어들 여지없이 늘 빈틈없고 계획적이다. 그와 함께 있으면 얼마나 환하고 반듯한지 자신의 초라한 현실을 솔직하고 가감 없이 보여줘도 전혀 그늘지지 않았다. 진진으로서는 그토록 조건 좋은 남자가 나 같은 평범하고 별 볼 일 없는 여자를 사랑하기로 마음을 먹었다는 사실 자체로 고마울 따름. 그에게 유일하게 걸리는 건 어쩐지 자신에게 걸맞지 않은 옷을 입은 것 같다는 미세한 불편함 뿐이다.

김장우. 나영규가 지극히 현실적인 사람이라면, 김장우는 비밀스러운 몽상가다. 사진작가인 그는 길가의 이름 모를 꽃 한 송이에 카메라를 갖다 대고 그 순간을 영원 속에 담아두는 가난한 예술가. 강한 것보다 약한 것을 편애하고 세상을 향해 직진으로 나아가기보다 우회하는 쪽에 가까운 사람이다. 그와의 사랑은 함께 있으면 가슴이 끓어오르다가도 금세 구멍이 뻥 뚫린 것처럼 비애가 동시에 느껴진다. 그건 특별한 사랑을 감당할 수 없어서 가족을 버리고 달아나버린 그녀의 아버지처럼 위험하면서도 익숙한 종류의 것. 그래서 그녀는 그의 앞에만 서면 자신에 대해 솔직해지지 못했다. 그의 현실적 조건이 진진의 것만큼이나 고달파서 자신의 난처한 현실을 가리고 진짜보다 더 밝고 활기찬 가면을 쓰게 되는 것이다.

결정적으로 진진에게는 엄마와 똑같이 닮은 일란성쌍둥이 이모가 있다. 어머니와 이모는 한날한시에 태어나 얼굴부터 성격까지 똑같았지만 결혼과 동시에 갈라져 지금은 완전히 다른 삶을 살고 있다. 그녀는 어린 시절, 빗물 새는 단칸방에서 울고 있는 어머니를 보다가, 똑같은 얼굴과 목소리를 한 이모가 세련된 양옥집에서 비단 잠옷을 입고 행복한 미소를 짓는 것을 보며 자주 혼란을 느꼈다.

진진의 쌍둥이 이모는 나영규처럼 능력 있는 남편과 결혼해서 딸 아들 모두 유학을 보내며 아쉬운 것 없는 인생을 살고 있었다. 반면 진진의 어머니는 남편 대신 하루 종일 시장에서 양말을 팔아 생계를 꾸리고 있었다. 남편은 밖으로 나돌다 돈이 떨어지면 한 번씩 집에 머물다가 사라졌고, 하나뿐인 아들마저 건달 지망생이다. 어머니는 아침부터 저녁까지 무능한 남편과 철들 기미 없는 아들 뒷바라지로 우울할 틈조차 없었다. 불행을 해결하는데 데라면 이제 도가 터서 거의 신명이 날 정도.

남편 잘 만나 세상 모든 행운을 누리며 사는 이모. 남편 잘못 만나 세상 모든 불행을 짊어지고 사는 엄마. 누구에게 물어봐도 행복과 불행의 구도는 명확해 보인다. 하지만 작가는 소설의 말미에서 이모 스스로 자신의 인생에 종지부를 찍게 함으로써 행복과 불행의 명암을 드러낸다. 인생은 멀리서 보면 다 고만고만한 희극 같지만 가까이에서 들여다보면 저마다의 이유로 비극이라는 것. 결정적으로 인생은 그렇게 단순히 이분하기엔 너무 복잡하다.

내가 이 소설에서 특별히 눈여겨본 장면은 진진이 사촌인 '주리'와 나눈 대화다. 이모의 딸인 주리는 유복한 환경에서 결핍 없이 자라 인생을 단순하게 재단하며 사는 인물이다. 그녀는 어린 시절, 진진이 아버지를 피해 종종 자신의 집에 피신해 있던 기억을 가지고 있다. 주리에게 진진의 아버지는 술꾼이고 건달이며 성격파탄자요, 세상 무책임하고 나쁜 악이다. 하지만 그럼에도 불구하고 아버지에 대한 좋은 추억이 많았던 진진은 아버지에게 대해 이렇게 변명한다.

진진: 세상은 네가 해석하는 것처럼 옳거나 나쁜 것만 있는 게 아냐. 옳으면서도 나쁘고, 나쁘면서도 옳은 것이 더 많은 게 우리가 살아가는 세상이야. 네가 하는 박사 공부는 그렇게 단순한지 모르겠지만, 내가 살아보는 삶은 결코 단순하지 않았어.

주리: 옳으면서도 나쁘고, 나쁘면서도 옳다는 네 말은 핑계 같아. 내겐 교활하게 들려. 세상이 그런 것이라면 우리가 애써 열심히 살아야 하는 이유가 뭐겠어? 난 지금 정말 슬프다. 네가 그런 앤 줄은 몰랐어. 아마 넌 (…) 너희 아버지 영향을 많이 받았나 봐. 이해해. 니네 아버지가 결국 너를 이렇게 만들었어.

'인생은 때로 우리로 하여금 악을 선택하게 만들고 우리는 어쩔 수 없이 그 모순과 손잡으며 살아가야 한다'•는 진진의 말에 주리는 이해보다 반박으로 일관한다. 아버지에 대한 진진의 면죄부가 오히려 열심히 살아가는 수많은 아버지들의 수고를 허탈하게 만드는 것이

• 양귀자, 《모순》, 쓰다, 2013, 173쪽.

라고. 그리고 진진의 그런 생각조차 아버지의 영향을 받았기 '때문'이라고. 세상사 모든 것에 원인과 결과가 있으며, 그 모든 걸 인간의 노력으로 단순 대입시키는 나이브함. 주리는 자신이 가진 옳음과 선함은 그저 타락할 기회가 없어서 주어진 것일 뿐임을 알지 못한다.

주리가 누리는 질서 정연하고 평온한 행복은 '이모와 이모부의 성실한 방어'로 어린 시절부터 '철저히 원천봉쇄'되었을 뿐이라는 것도. 결정적으로 주리는 모른다. 그녀의 어머니가 그런 일상을 '지리멸렬하고 무덤 속 같은 평온'이라고 생각하고 나중에 어떤 결정을 내리게 되는지.

'악의 평범성'이라는 용어로 20세기 가장 영향력 있는 정치 철학자가 된 한나 아렌트는 선과 악에 대한 개념을 저 하늘에서 이 땅으로 끌어내린 철학자다. 그녀는 말한다. 인간의 악은 어찌나 시시하고 평범한지, 우리 주변에 동전의 양면처럼 널려 있다고. 1961년. 유대인 대량 학살에 가담한 나치 친위대 중령 아이히만의 재판을 특파원 자격으로 참관했던 그녀는 악은 우리가 생각하는 것처럼 뿔 달린 악마나 흉악한 범죄자, 인종차별주

의자가 아니라는 사실을 깨닫는다. 그건 그저 '없음'이었다. 무사유, 즉 '생각 없음'이 그의 '악'이었다.

아이히만은 수백만의 무고한 인간을 가스실로 싣고 가면서도 인간으로서 자신의 양심에 아무런 의문도 품지 않았다. 그는 되레 이렇게 항변한다. 자신은 상관의 명령에 복종하지 않았다면 더 큰 양심의 가책을 느꼈을 것이라고. 그에겐 유대인에 대한 지독한 증오나 혐오도 없었다. 습관처럼 회사에 출근해 자신과 가족의 안위를 위해 열심히 살던 우리와 똑같은 인간이었다. 그의 죄목이라면, 수많은 이들의 죽음 앞에 인간이라면 당연히 품어야 할 – 다른 인간에 대한 존엄이랄지 도덕률 같은 – 가치를 품고 살지 않았다는 것. 그 아무 생각 없음이 그를 희대의 살인마로 만들었다.

한나 아렌트가 발견한 '없음'의 개념은 아우구스티누스의 신학적 고찰과도 맥을 같이 한다. 신학에서 악은 선의 '부재'다. 악은 실체로 존재하는 것이 아니라, '없음'으로 역설적으로 존재한다. 선의 부재가 악이고, 빛의 부재가 어두움이다. 마땅히 있어야 자리에 선이 들어서지 않으면 악이 되고, 빛이 들지 않으면 어둠이 된다. 우리가 능동적으로 빛의 삶을 살지 않고, 타인을 외면하거나 방관하는 것만으로도 우리는 악을 행사하고 있다는 것이다. 한나 아렌트가 아이히만의 죄목으로 '무사유'를 내세울 때 무사유 앞에 붙인 '순전한sheer'이란 단어는 그런 의미에서 순수할 정도로 자기 생각이 없는 사람이 악의 유혹에도 더 빠져들기 쉽다는 말이다.

주변에도 보면 별 어려움이나 시련 없이 자라 세계관 자체가 순진한 사람이 있지 않나. 상투어를 즐겨 쓰고 왠지 두루뭉술한 말과 태도 같은 게 있을 뿐, 자기주장을 잘 내세우지 않기 때문에 이런 사람은 평상시 두드러지지 않는다. 문제는 결정적인 순간에 이들의 모호한 판단이나 행동이 주변 사람들을 혼란하게 만든다는 점이다. 나중에 그 내막을 찬찬히 들여다보면 그 중심에 '이해관계'가 있다. 그들은 자기에게 불이익이 돌아오지 않을 때까지만 좋은 사람이다. 하지만 조금이라도 자신에게 타격이 미칠 것 같으면 발끈한다.

나는 고전 문학이나 소설에서 숱하게 등장하는 '악마에게 영혼을 판 사람'이란 바로 이렇게 자기 생각이 없는 이들이 아닐까 하는데. 이들은 오늘도 '나는 몰랐다'를 연발하는 순진한 얼굴 속에 있었다. 복잡한 세상을 단순하게 이분하는 이들 사이에 있었다. 화석화된 언어와 애매모호한 태도 속에 있었다. 전체라는 안전한 곳 숨어 있다가 언제라도 빠져나가려는 수동성 안에 있다.

죽은 여자들의 목소리

난 알아요, 믿을 필요가 없어요!

나는 기독교인이다. 다만 언제부턴가 '믿는다'는 말을 좋아하지 않게 된 삐딱한 기독교인. 특히 '예수 천당 불신 지옥'이라는 말을 싫어한다. 일방적이고 배타적인 기독교의 구태를 그대로 드러내는 것 이외에 아무 메시지도 전달하지 못하는 그 말. 내가 아는 기독교의 지평은 훨씬 넓고 깊은데. 우리 눈에 보이지 않는 저 원자의 세계와 끝을 알 수 없는 광활한 우주. 138억 년이라는 긴 세월 동안 지극히 단순한 것에서 이토록 다양하고 복잡미묘한 생명체를 만들어낸 자연의 장엄함. 창조와 타락, 그리스도에 이르는 경이로운 구원의 대서사시. 그 모든 것 너머에서 지금도 인간 세상을 넘나들며 여전히 우리 삶에 개입하고 계시는 창조주에 대한 믿음. 기독교의 이런 풍성하고 흘러넘치는 이름들에 대해 이 단어는 그 어떤 것도 말해주지 않기 때문이다.

기독교인들은 '안다'는 말보다 '믿는다'는 말을 더 좋아한다. 아니, 신에 대해 아는 것만으로는 구원받지 못한다. 믿어야 한다. 다음은 믿음에 대한 기독교인들의 강박을 보여주는 유명한 예화다.

임종을 앞둔 어느 장로님에게 목사님이 찾아온다. 한 사람의 평생의 수고를 기리고 위로를 건네는 자리. 이제 장로님에게는 마지막 고백의 시간만이 남아 있다.

"이제 당신은 주 예수 그리스도와 함께 저 천국에서 영원한 안식을 누릴 것입니다. 이제 입으로 시인하고 고백할 시간입니다. 장로님은 저 천국에서 다시 부활할 것을 믿으시지요?"

"네. 알고 있습니다."

"다시 묻겠습니다, 장로님. 그 사실을 믿으십니까?"

"내가 잘 알고 있다니깐요."

"아니요, 장로님. 그 사실을 믿으시냐고요."

"……!"

천국이라는 마지막 관문 앞에 '믿음'을 시인하지 않

앉던 그 장로님은 어떻게 되었을까? 구원의 확신 앞에 '앎'을 고백하고 '믿음'을 고백하지 않음으로써 그 후 '알기만 하고 믿지 못한 사람의 말로'를 증언하는 설교 속 주인공이 되었다.

20세기 가장 위대한 학자이자 정신분석학의 창시자인 칼 융 또한 죽기 몇 달 전 자신의 자택에서 기자에게 똑같은 질문을 받았다.

"당신은 신을 믿었나요?"

"오, 그럼요."

"지금도 신을 믿나요?"

"지금요? 대답하기 힘들군요. 난 압니다. 나는 믿을 필요가 없어요. 난 알아요."

여러 기록들에 의하면 칼 융은 주일날 교회에 가는 게 '자연스러운' 사람이었다. 그는 어렸을 때부터 죽음과도 가까웠다. 그가 살았던 목사관 근처 폭포에는 매년 자살 혹은 사고로 죽은 익사체가 떠내려왔다. 이들은 신원이 확인될 때까지 목사관 세탁실에 누워 있었다. 융은 아버지와 인부들이 시체를 들고 묘지에 묻는 장면을 자주 지켜보곤 했다.•

그게 아니더라도 죽음이 흔한 시대였다. 한 집 건너

아기 낳다 죽는 사람이 있었고, 죽을 고비를 넘기고 태어난 아이들도 그렇다 할 약 한번 써보지 못하고 어린 나이에 많이 죽었다. 100년 전만 해도 유럽에서 태어난 아이들의 30~40%가 다섯 살이 되기 전에 죽었고, 1900년대 전 세계인의 평균 기대 수명은 31세에 불과했다. 병원이 있길 하나 장례식장이 있었나. 당시 사람들은 죽을 때도 태어날 때처럼 자기 침상에서 죽었고, 남은 가족들은 사랑하는 사람의 죽음을 바로 옆에서 지켜보았다.**

그래서인지 당시 사람들은 영적인 세계와 가까웠고 관심도 지대했다. 왜 아니었겠는가. 아프면 근본도 모르는 마약류를 만병통치약처럼 쓰고, 목욕탕 같은 데서 파는 자석 팔찌 같은 것으로 사람을 치료하던 시대였다. 사람들은 유령의 존재를 믿었고, 귀신 들린 사람에게 축사를 해서 병을 낫게 하거나, 영매를 통해 죽은 이들을 불러들이며 그리움을 달래기도 했다. 융은 대학에서 영매 현상과 인간의 정신세계를 주제로 한 박사학위 논문을 쓰게 되는데, 이 역시 어머니가 주선한 강령회를 참관한 후 작성한 것이다.

- • 장덕환, 《C. G. 융과 기독교》, 새물결플러스, 2019.
- •• 마이클 이스터, 《편안함의 습격》, 김원진 옮김, 수오서재, 2025.

융이 평생 자신의 과업인 '인격의 비밀'을 알아내기 위해 신학과 철학뿐 아니라 심령술을 연구대상으로 포함시킨 것은 지극히 자연스러운 일이었다. 그는 대학에서 배운 과학적 사고방식을 도입해 신비의 영역에 머물러 있던 이 분야를 과학의 세계와 통합했고, 이성의 세계를 지나치게 강조하는 당시 계몽주의의 맹목성을 경계했다. 의식과 무의식 간의 통합, 객관적인 물질세계와 주관적인 감각세계 간의 균형을 함께 추구했다.

그는 매일 일상에서 삶과 죽음을 목격했다. 죽은 이들과 대화했다. 죽음은 탄생만큼이나 중요한 삶의 필수불가결한 부분이라고 생각했다. 그에게 정신적 존재는 시공 너머 실질적인 삶 속에서도 생생하게 살아 있었다. 그에게 보이는 세계와 보이지 않는 세계의 경계는 무색했다. 그는 믿을 필요가 없었다. 믿음은 보이지 않는 사람들에게나 필요한 것이기 때문이었다. 어떤 의미에서 그는 보았고, 이미 알았다. '하나님을 대면하여 알던' 구약의 지도자 모세처럼. 또 《하나님의 임재 연습》으로 우리에게 익숙한 로렌스 형제의 고백처럼.

"나는 순간순간 하나님께 가야 한다. 이 세상에서 내게 위안이 되는 것은 내가 이제는 그분을 믿음으로 뵙는다는 것이다. 믿음으로 뵙다 보니 간혹 이런 고백까지 하게 된다. 나는 그분을 더 이상 믿지 않는다. 그냥 뵈올 뿐이다."•

    사춘기와 갱년기. 욕망으로 들끓는 긴 터널을 지나며 죽음을 자주 생각했다. 가끔, 아니 어느 해는 몇 주 동안 매일매일. 그것 아는가. 죽음을 오래 들여다보면 융처럼 생과 사, 현실과 저 너머의 경계가 잘 구분되지 않는 순간이 온다. 평상시에는 아득해 보이던 그 간극이, 이 정도면 혹 넘어갈 수도 있지 않을까 싶게 가볍게 느껴지는 순간들이 있다. 죽음은 얼마나 힘이 센지, 죽음에 일단 사로잡히면 죽을 이유는 셀 수 없이 많았다. 심지어 믿음조차 내 이론을 지지할 수 있다. 천국에 가서 신의 얼굴을 빨리 마주하고 싶다는데, 그게 뭐 그리 큰 문제일까. 그즈음엔 어느 수사의 고백도 이미 내 것이 되어 있어서 나는 크게 두렵지 않았다. '하느님의 사랑이 몸서리치는 고통을 겪다 <u>스스로</u> 죽음을 택한 이들에게는 닿지 않는다고 생각하지 않는다.'

•   달라스 윌라드, 《하나님의 모략》, 복있는사람, 2015, 137쪽.

아이러니하게도 그때 나를 지상에 붙들어 놓은 것은 믿음이 아니라, 앎이었다. 아니, 믿음은 이미 수많은 앎으로 가득 채워져 더 이상 믿음과 앎의 구분이 필요 없었다는 게 더 맞을 것이다. 우울과 우울증 사이에서 빨래에 손이 뻗어지지 않을 때. 엊그제 책 속에서 만난 죽은 여자들이 걸어 나와 내게 말했다.

"네 아내에게 필요한 게 뭔지 아니?" 보바리 노부인은 말을 이었다. "억지로라도 일을 시켜야 하는 거다. 손을 놀려서 하는 일을 말이다! 만일 저 애도 숱한 다른 사람들처럼 먹을 것을 벌어야 할 처지라면 그런 우울증은 생기지 않았을 게다. 그런 것은 머릿속에 들끓는 온갖 잡념들과 하는 일 없는 한가한 생활 때문에 생기는 거야."* 《보바리 부인》속 엠마의 시어머니가 벌레처럼 몸을 말고 누워 있는 내 머리맡 너머로 호통을 쳤다.

《카라마조프가의 형제들》에 나오는 리즈의 목소리도 있다. 카라마조프가의 셋째 아들이자 성직자의 길을 걷고 있는 알료샤에게 연정을 품고 걸핏하면 바쁜 알료샤를 불러다 한갓진 이야기나 늘어놓는 여자애.

* 귀스타브 플로베르, 《마담 보바리》, 김화영 옮김, 민음사, 2000, 185쪽.

"오늘은 무슨 일로 나를 불렀죠, 리즈?"

"당신에게 나의 소망 한 가지를 알려드렸으면 해서요. 나는 누구든 나를 죽도록 괴롭히길, 나와 결혼해놓고서도 나를 괴롭히고 기만하고 그러다가 떠나버리길, 아주 떠나버리길 원해요. 나는 행복해지고 싶지 않아요!"

"무질서를 좋아하게 됐나요?"

"아, 나는 무질서를 원해요. 줄곧 집을 태워버리고 싶다니까요. 나는 어떻게 하면 살짝 다가가서 몰래 태워버릴까 상상해요, 반드시 몰래 해야 돼요. 사람들은 불을 끄지만 집은 불타오르죠. 나는 알면서도 입을 꼭 다물고 있는 거예요. 아, 바보 같은 짓들이야. 지겨워 죽겠어!"

그녀는 혐오스럽다는 듯 손을 내저었다.

"사는 데 아쉬움이 없군요." 알료샤가 조용히 말했다.●

수많은 여자들이 책에서 걸어 나왔다. 직업을 가질 수 없어서 가정교사로 남의 집살이 하던 여자들이, 자기

● 표도르 도스토옙스키, 《카라마조프가의 형제들 3》, 김연경 옮김, 민음사, 2007, 160쪽.

만의 방이 없어서 거실 한 귀퉁이에 앉아 글을 쓰던 여자들이, 자의식을 주체하지 못해 오븐에 머리를 처박고 죽은 여자들이 나에게 말을 걸었다. 먹고사는 일이 고단함과 시대적 한계에도 불구하고 삶에 대한 갈망을 놓지 않았던 여자들이 말했다. 이제 네 이름으로 된 책을 낼 수 있고, 남자와 똑같이 원하는 직업을 가질 수 있고, 심지어 네 이름으로 된 재산을 가질 수 있는 세상이 되었는데 너는 왜 여전히 세상 탓이나 하고 앉아 있냐며. 지겨워죽겠다고 하면서 왜 스스로 벌어먹지 않냐고. 그런 네가 혐오스러워 죽겠다면서 왜 누가 바꿔주기만 기다리고 있느냐고.

죽은 여자들이 나를 구했다. 과거가 현재를 도왔다.** 이 세상이, 과거에 죽은 자들이 얼마나 원하던 세상이었는지를 생각하자 가만히 누워 있을 수가 없었다. 신앙인의 것인지 읽고 쓰는 자의 것인지 모를 최소한의 양심의 목소리. 그게 자주 죽음을 생각하던 시절. 내게 쉬운 죽음보다 어려운 삶을 선택하게 했다.

** 한강 작가의 노벨문학상 수상 소감문 중 '죽은 자가 산 자를 구할 수 있는가, 과거가 현재를 도울 수 있는가'를 오마주.

아들이 나와 닮아서

너의 불안을 아들에게 전가하지 말지어다

처음 아들이 죽고 싶다고 말했을 때는 사춘기가 극에 달하던 중3이었다. 그때 아들은 학교를 다녀오는 것만 빼곤 이미 집안 모임과 부모가 바라는 것들은 다 무시한 채 방에 틀어박혀 게임을 하거나 가끔 친구들이 부르면 나가는 생활이 전부였다. 그러다가도 일요일이 되고 습관처럼 잠깐 제정신이 돌아오면 한 번씩 교회에 가겠다고 우리에게 언질을 주곤 했다. 부모로서야 당연히 정신 나갔던 아들이 돌아와 교회에 가겠다니 그 한마디를 붙들고 또 다른 희망을 꿈꾸기 마련. 문제는 그것에 사로잡힌 나머지 아들이 스스로 내뱉은 결심을 지킬 능력이 없다는 사실을 깜빡하게 된다는 것이다. 탕자 아들의 귀

환도 더없이 중요하지만, 교회에서 맡은 것이 많았던 우리 어른들의 시간 엄수도 그것만큼 중요했다.

그날 아침만 해도 아들이 차라리 가지 않겠다거나, 나중에 혼자 오겠다고 하면 우리도 더 이상 닦달하지 않고 우리끼리 떠났을 것이다. 하지만 아들은 막상 가겠다고 하고는 그새 귀차니즘이 발동했는지 화장실에 들어가 30분 넘게 시간을 질질 끌고 있었고, 안 그래도 시간 강박이 있는 남편의 속을 뒤집어놓았다. 이도 저도 결정을 내리지 못하는 아들을 보다 못한 남편이 입에 치약 거품을 물고 있던 아들을 밖으로 질질 끌고 나왔다. 그때 아들이 돌아서서 교회로 향하는 우리 뒤통수에 대고 이렇게 소리쳤다. "이 길로 아파트 옥상에 올라가 떨어져 죽겠다"라고. 지옥이 따로 없었다.

아들이 두 번째로 죽음을 언급했던 건 고2 때, 아침을 먹으면서 어느 유튜버 이야기를 꺼내놓았다. 엄마, 이 유튜버 알아? (당연히 나는 알 리 없었다) 이 유튜버, 자살하려고 실제로 건물에서 뛰어내렸다가 '반병신' 된 유튜버야. 아들은 어쩌다 얼마 전 알고리즘을 따라 이 친구의 채널에 입문했고 나름 깨달은 바가 있다고 했다.

나도 죽고 싶었는데 애 보니까 저렇게 될까 봐 못 죽겠더라고.

'엄마 배고파 뭐 먹을 거 없어?'와 별반 다르지 않은 톤으로 죽음을 이야기하는 아들. 나는 그때 뭐라고 말했더라. 그 유튜버에게 너무 고마워 엎드려 절이라도 해야 될 것 같다고 했던가. 처음만큼 마음이 진창은 아니었던 게, 그때쯤에는 그 말이 조금 익숙해져서 아, 아들이 또 뭐 힘든 일이 있구나, 나처럼 불쑥 사는 일이 재미가 없어졌구나 하는 말이란 걸 알아듣게 되었거든.

아들이 세 번째로 죽고 싶다고 말했을 때는, 그래서, 나도 이렇게 좀 괜찮은 말을 해주기도 했다. "엄마도 갱년기 지나면서 죽고 싶다는 생각이 자주 들었어. 사는 게 이게 다인가 싶고 뭐 이리 재미가 없나 싶어서. 그래서 생각을 좀 해봤는데, 죽고 싶다는 그 말이 정말 죽고 싶은 건 아니더라고. '이렇게' 살고 싶지 않은 거더라고. 적어도 엄마는 그랬어. 지금처럼 말고, 다르게 살아보고 싶다는 의미더라."

뜻밖에 아들이, 내 말에 호응을 보냈다. 딱 거기까지 했어야 하는데, 이때다 싶어서 호들갑이 시작됐다.

우리 같은 스타일은 겁이 많아서 죽고 싶어도 못 죽어. 용기가 없어서 어차피 못 죽어. 그러니까 그 노력을 이왕이면 잘 살아보는 쪽으로 쏟는 게 낫지 않겠냐 어쩌고저쩌고. 쓰고 보니 뭐 썩 괜찮은 말도 아니다. 나이 오십이나 먹은 어른이 고작 죽고 싶다는 아들에게 해줄 수 있는 말이 이 정도뿐이라니. 그래도 진심의 힘을 믿어볼 수밖에.

아들 사춘기 때 뭐가 제일 힘들었을까. 한동안 아들이 방에 처박혀 게임만 하다가, 그러다 언젠가 신문에서 본 애처럼 PC방에서 게임만 하다가 영양실조로 죽을까 봐? 서른 넘어서까지 독립하지 못하고 부모에게 얹혀살게 될까 봐? 물론 그것도 무서웠다. 하지만 뼛속까지 나를 가장 힘들게 한 건 따로 있었다. 나와 닮아서. 아들이 나와 닮아서 힘들었다.

잘 미루고, 이상한 완벽증에, '마음' 없이는 절대 무엇 못하는 성격. 사춘기. 나를 힘들게 한 아들의 특징이다. 처음엔 몰랐다. 대체 누굴 닮아 이렇게 나를 힘들게 하는지. 나중에 이 항목들을 모두 늘어놓고 반대로 뒤집자 남편이 나왔다. 그러니 '빼박' 아들은 나를 닮은 게 틀림없었다.

아들은 집으로 보내주는 가정통신문을 엄마에게 잘 전달하지 않았다. 옆집 엄마를 통해 알아낸 회신문을 작성해서 주면 잊어버리고 그냥 학교에 갔다. 가정통신문뿐이겠는가. 자신의 관심사가 아니면 '돌'을 보듯 했다. 학원비 결제하라고 카드를 쥐여줘도 꼭 기한을 넘겨 두세 번 독촉을 받은 뒤에야 긁었다. 미리 한 약속도 더 맘에 드는 것이 생기면 언제라도 쉽게 교체되었다. 당최 이 '남자'와는 미래를 기약할 수가 없었다.

놀라운 건, 참다못한 내가 어느 날 친정 엄마한테 아들의 만행을 쏟아냈을 때였다. 전화기 너머로 깔깔거리는 웃음소리가 들렸다. "야, 너는 신발 위에 도시락 올려놓은 것도 잊어버리고 그냥 갔어!"

뭐! 내가? 그럴 리가! 그럴 리 없었다. 내가 그렇게 물건을 못 챙기고 다녔다고? 말도 안 된다! 신발 위에 도시락을 올려놨다는 건, 그만큼 내가 자주 도시락을 잊고 학교에 갔다는 건데. 하늘에 맹세코 나는 학교 다니며 점심을 굶어본 적도, 도시락을 가지러 다시 집으로 돌아간 기억도 없다. 전혀 없다. 그렇게 자주 있었던 일을 내가 이렇게까지 기억 못 할 리가!

억울한 마음에 동네 친구들에게 하소연하자 그중 하나가 다시 깔깔거리며 이렇게 말했다. "너, 내가 그때 피아노 얘기한 거 기억나? 피아노를 그렇게 배우고 싶어 했는데 우리 엄마가 안 시켜줘서 두고두고 원망했다고. 우리 엄마가 언니는 뭐든 다 시켜주면서 나는 그거 하나 안 시켜줬거든. 그래서 지난번에 울 엄마한테 그 얘기했더니 뭐라는지 알아? 내가 그때 울고불고 피아노 그만두겠다고 사정을 해서 어쩔 수 없이 끊었다는 거야."

다우어 드라이스마의 말처럼, 기억은 마음 내키는 곳에 드러눕는 개와 같다. 우린 모두 선택적 기억 착오자들이며, 모든 기억은 내게 유리한 대로 편집된다.

아들의 지독한 사춘기를 지나며 내가 깨달은 건, 아들의 광기가 아니라 내 안의 광기였다. 광기에 가까운 불안. 대한민국에서 살아가는 이들이라면 모두 공감할, 연 30조 사교육 시장을 견인하는 어미들의 불안. 저 먼 옛날 천적으로부터 우리 종을 보호하고 살아남게 했지만 지금은 대한민국 사회를 모두 자식 사랑이라는 욕망으로 포장하여 이상한 광기로 몰아넣고 있는 그것. 그러니 엄마들이여, 너의 불안을 아들에게 전가하지 말지어다. 누구와도 비교하지 말지어다. 그리하면 복 있나니. 너는 아들을 잡아먹는 모성이 되지 아니할 것이다. 엄마복음 1장 1절 말씀.

그래도 시간이 지나니 불안에 대처하는 나만의 비법 같은 것이 몇 가지 생겼다. 매사 확신하는 법 없는 나이지만, 내 이마팍에 새기기 위해 적어본다.

첫 번째, 어떤 경우에도 유머를 잃지 말 것. 예전 같으면 이런 자기계발류 메시지에 바로 식상했겠지만 지금은 다르다. 인생은 시간이 지날수록 지지리 궁상일 때가 너무 많아서 유머를 마지막 보루로 삼지 않으면 너무 우울해서 생존하기 어렵다. 자식 얘기만 해도 그렇다. 기대는 꺾이고 후회는 막급이라 말해봐야 옛날이 좋았다는, 그러니 점점 더 할 얘기가 없어진다. 게다가 요즘 애들, 정색하는 걸 얼마나 싫어하나. 뼛속까지 '진지충'인 나 같은 엄마와 극단적 소피스트인 아들이 만나 대화의 끈이라도 이어가려면 무거움을 필히 내려놓아야 한다. 온몸의 힘을 빼는 연습을 해야 한다. 아들이 자신의 불안을 감추기 위해 과장하며 던지는 말들 앞에 진지하게 경청하되, 가볍게 되받아칠 줄 알기. 넘겨짚거나 평가하거나 충고하는 것 역시 절대 금물이다.

두 번째는…… 나부터 살고 싶을 것. 역시 이런 말, 어색하다. 나는 결심 따위 하며 사는 사람이 아니므로. 그러나 어색해도 써본다. 이제는 달리 살아볼 결심을 했으니 평생 안 해보던 결심 같은 것도 해보려 한다. 아들 걱정 따위 집어치우고, 나부터 이 세상이 살 만한 세상이 되게 하자. 아니, 이 세상을 나와 아들 모두 살고 싶을 정도로 좋은 곳으로 만들고 싶다. 나 하나도 변화시키지 못하면서 우리가 누굴 변화시키겠나. 언제나 가장 바꾸기 쉬운 건 나다. 우리가 기도한다고 세상이 바뀌는 건 아니지만, 기도가 나를 바꾸고, 바뀐 내가 세상을 바꾼다. 우리가 아들에게 퍼붓는 잔소리의 99%는 다 귓등을 스치고 지나가는 헛소리일 뿐이다.

얼마 전, 아들 녀석이 대놓고 담배를 너무 많이 피우는 것 같길래 슬쩍 건강 운운 한마디를 꺼낸 적이 있었다. 그러자 아들 왈, 자기는 빨리 죽고 싶어서 그러는 거란다. 잔소리 듣기 싫단 말을 참 이쁘게도 한다. 내가 그냥 물러설 것 같지 않아 보였는지 지가 먼저 내리 2절까지 시연했다. "나 안락사 기계가 나오면 제일 먼저 살 거야!"

이렇게 사춘기 궤변의 그림자가 어른거리기 시작하면 이 대화가 어디로 흘러갈지 아무도 모른다. 재빨리 피하는 게 상책! 하지만 늘 그렇듯 아뿔싸, 이번에도 입이 먼저 반응했다. "야, 너 안락사 기계가 얼마나 비싼 줄 아냐?"

아들: 그래서 내가 알바 열심히 하는 거야.

나: 돈 많이 벌어서 하고 싶은 거 하면서 살면 되지 죽긴 왜 죽어? 어떻게 하면 안 죽고 싶을 거 같은데?

아들: 그냥 누워서 아무것도 안 하며 살고 싶어. 돈만 펑펑 쓰면서.

그러더니 녀석이 돌연 자리에서 벌떡 일어나 내 앞으로 다가왔다. 얘가 왜 이러지? 하는 순간. 녀석이 웃통을 훌훌 벗어 던지더니 내 눈앞에 등짝을 들이밀었다. 엄마, 나 여기 광배근 나온 거 보여? 만져봐. 어딘지 알겠어? 이거 만드는 게 얼마나 힘든지 알아? 잘 보이냐고, 응?

웃자고 한 아들 말에 내 진지병이 또 도졌다. 아무리 이마팍에 새겨도 실전에 돌입하면 도루묵 되기 십상! 그러니 명심하자. 어떤 경우에도 유머를 잃지 말 것. 그렇게 오늘도 나 스스로에게나 다짐해보는 것이다.

엄마, 알바만 하고 살아도 괜찮을 거 같아

아들이 대학에 가지 않겠다고 말했을 때

사춘기를 보낸 아들은 돌아온다. 아무리 지독한 사춘기를 보냈더라도 고2가 되면 대개 정신 차리고 돌아와 공부에 돌입한다. 그땐 이미 모든 아들들이 달리고 있어서 그다지 변별력은 없지만. 우리 집 아들도 고2가 되자 서서히 사춘기 물이 빠지는 게 눈에 보였다. 사춘기를 지난 아들은 돌아온다. 그게 꼭 우리가 원하는 방식으로는 아닐지라도.

"엄마, 나 주말에 알바나 해볼까?"

고2 여름방학. 아들이 고깃집 알바를 해보겠다고 말했다. 그때까지도 아들은 몇 년간 주욱 사춘기인지 게임 중독인지 모를 그로기 스몸비 상태였고, 어차피 공부도 안 하는 아들이 방에 틀어박혀 게임만 하는 것보다는 나을 것 같아 처음 알바를 허락했다. 아들이 3개월쯤 불판을 닦다 보면 혹 '엄마, 공부가 제일 쉬웠어요' 하고 돌아올지도 모른다는 일말의 반전을 조금은 기대한 것도 사실이었다. 하지만 3개월 알바가 끝나갈 즈음. 아들은 우리에게 이렇게 말했다.

"엄마, 평생 알바만 하고 살아도 될 것 같아요."

스스로도 공부에 대한 동기부여를 받고 싶다고 시작한 알바였으나, 아들은 되레 알바를 하며 자신의 쓸모를 깨달았다. 초등 6년과 중고등학교 만 6년을 공부하는 동안 한 번도 경험하지 못한 자신의 효능감을 알바를 하며 발견했다. 시간을 투자하고 노력하는 만큼 고스란히 돈으로 환원되어 통장에 꽂히는 방식에 환호했다. 그런 아들이 그대로 알바에 주저앉을까 무서워 우리는 그때 서둘러 알바를 그만두게 했다.

초등학교 때까지 아들은 나름 영재 수업을 받기도 하던 괜찮은 학생이었다. 나는 어렸을 때부터 부모가 정해준 빡빡한 스케줄, 영문도 모르고 하는 공부가 아이들의 가능성을 제한한다고 생각했다. 과중한 공부로 아들을 소진시키는 대신 자연에서 자유롭게 뛰어놀게 했다. 초등학교 시절 자유를 충분히 주면, 중고등학교 때 그 힘으로 공부에 올인할 줄 알았다. 아들은 머리가 좋고 배우는 감이 좋았기 때문에 나는 이것저것 노출하다 보면 당연히 아들이 어느 과목 하나에는 흥미를 보이고 우리처럼 당연히 대학에 갈 줄 알았다.

하지만 이후 12년이 넘는 학교생활 동안 어느 과목 하나에도 흥미를 느끼지 못했다. 고등학생이 된 아들과 나눈 몇 안 되는 진지한 대화 중에서 아들이 일관되게 표현한 욕망은 오로지 '돈'뿐이었다. 돈을 많이 벌고 싶다는 욕망. 남편과 나 모두 명품을 걸치고 다닐 정도는 아니어도, 아이들 원하는 학원 정도는 보내고 나이키 운동화와 아디다스 트레이닝복 정도는 사 입히며 키웠다. 아이들에게 엄카를 쥐여주고 먹고 마시고 싶은 것은 늘 아끼지 말고 사 먹으라고 했다. 그런데 아들은 12년 동안 학교를 다니며 돈에 대한 욕망밖에 배우지 못했다.

고3이 되어도 반전은 없었다. 그렇게 다른 친구들이 모두 대학을 향해 달려가고 있을 때 아들은 동네 레스토랑에서 다시 알바를 시작했다. 아들은 나름 3개월 경력자답게 알바를 시작하자마자 칭찬을 한 몸에 받았다. 5개월 된 선임자보다 감이 좋고 빠릿빠릿하다며 매니저에게 벌써 영입 제안까지 받으셨단다. 졸업하고 대학 갈 거 아니면 여기서 함께 일하자고. 아들은 몇 주 안 돼서 주중 대타까지 뛰게 되었다. 주중 알바를 몇 번 뛰었더니 격주로 들어오던 아르바이트비 뒷자리에 0이 하나 더 붙었다. 아들의 얼굴은 갈수록 희색을 띠었다.

"야, 너 근데 일하느라 안 힘들어? 아침에 9시 반에 나가서 밤 9시 반에 들어오잖아. 무려 열두 시간이라고!"

"아니 전혀! 엄마, 너무 재밌어."

매일 의자에 앉아 게임을 하거나, 그렇지 않을 땐 침대에서 누워만 있던 아들이었다. 도로에서 차만 좀 막혀도 집에 들어오면 피곤해죽겠다고 바로 침대에 엎어지던. 근데 그 아들이 지금 '너무 재밌어'를 연발하고 있었다. 사실 일이 힘들지 않은 건 아니라고 했다. 풀타임으로 뛰면 하루 열 시간이 넘는 노동이었다. 이곳은 빌새 없이 테이블이 채워지는 우리 동네 핫 플레이스. 일이 힘들어서 시급도 13,000원이 넘었다. 근데 일은 빡세서 힘들다가도 아는 사람이 찾아오면 그게 너무 반가워서 힘이 난다고 했다. 아니, 반갑다를 넘어서, 너무 재밌다고 했다.

"엄마, 오늘은 초등학교 때 영어 방과후 같이 하던 여자애가 엄마랑 같이 왔더라고. 근데 인사했는데 날 못 알아보더라? 그래서 마스크 벗고, 나 몰라? 했더니 그때야 알아보고 웃더라고."

초등학교 때 알던 애가 당연히 성인 문턱에서 여드름을 애매하게 걸친 아들의 얼굴을 알아볼 리 없건만, 아들은 기어이 마스크까지 벗으며 자기를 각인시켰다. 어제저녁엔 학교 선생님이 오셔서 너무 재밌었고, 오늘은 같은 동 사는 친구가 엄마랑 같이 저녁을 먹으러 와서 재밌고, 내일은 중국에 공부하러 갔다 잠깐 들어온 친구한테 자기가 밥을 사주기로 해서 재밌을 거 같다고 했다. 정말 이상한 아들이었다.

아들이 대학은 가야 될 거 같은데 공부는 왜 해야 하는지 모르겠다며 침대에 콕 박혀 있을 때. 우연히 한국판 히키코모리를 심층 취재한 다큐를 보았는데, 사십이 넘은 멀쩡한 아들이 엄마 집에 얹혀살고 있었다. 그는 멀쩡한 몸으로 그 흔한 알바 하나 하지 않고 집에서 놀고 있었다.

요양보호사로 일하는 이웃 엄마도 70대 노부부 집에 방문요양을 가면 건넌방에서 40대 아들이 그렇게들 놀고 있다고 했다. 아파트도 한 채 있고 현금도 꽤 가진 유복한 중산층이었다. 내일모레 칠십을 바라보는 노부인은 그 나이에도 공공근로니 청소니 부지런히 경제활동을 하러 다니는데 정작 아들은 뭘 하는지 갈 때마다 건넌방에서 나오지 않았다.

사연을 들어보니 처음부터 그랬던 건 아니었다. 공부를 잘해 좋은 대학을 나왔는데 대기업에 응시했다가 계속 떨어졌다. 어쩔 수 없어서 중소기업에 들어갔는데 몇 달 다니다 보면 일이 안 맞네, 페이가 너무 적네 하며 그만두었다. 서른 중반쯤부터는 더 이상 취업 활동조차 하지 않고 방 안에 틀어박혔다. 무슨 대화 좀 하자고 하면 정색을 하면서 아무것도 모르면서 그런다는 식으로 버럭 화를 냈다. 그러니 어째. 저러다 나쁜 생각이나 먹을까 싶어 말도 못 꺼내고. 답답해진 노부인이 자기라도 나가야 되겠다 싶었단다. 몸 성할 때 열심히 벌어서 아들한테 적금이라도 하나 더 남겨줘야겠다고. 그래서 아침마다 파스 붙이고 일하러 나간다고 했다.

바야흐로 세상은 아들 모시고 사는 이상한 노모들

의 나라가 되었다. 경제 부흥기. 우리 부모님은 궂은일 마다하지 않고 몸이 부서져라 일하면서도 자식만은 모두 대학에 보냈다. '너는 나처럼 살지 말라'면서. 그 자식들이 자라 대학 나온 사람이 안 나온 사람보다 더 많아졌다. 그만큼 대기업이나 공기업엔 들어가기 더 어려워졌다. 고학력이 된 자식들의 눈은 너무 높아져서, 배울 만큼 배웠는데 이제 와 알바나 막노동도 못 하겠어서, 방안에 들어앉았다. 그런데도 노모들은 이런 아들에게 아무 말을 못 했다.

    내가 결혼하던 당시 시어머니들도 아들들에게 말을 못 했다. 자식을 남편처럼, 아니 남편보다 더 어려워했다. 아들은 큰일 할 사람이라 늘 더 바깥일로 바쁘고, 바깥일은 늘 집안일보다 중요했기에. 집안일은 여자들끼리 의논했다. 아들과 의논해야 할 일을 며느리와 의논했다. 그게 그렇게 이상했는데 웬걸, 사춘기 지나며 나 또한 그런 구도 안에서 자유롭지 못하다는 걸 알았다. 워낙에 대화도 스몰토크가 없는 우리 집안 특유의 분위기 때문이기도 했겠지만, 여기에 핸드폰과 게임과 전두엽도 가세했다. 아들이 사춘기에 들어서자 무슨 말을 해도 먹히지 않았고 오해가 되었다. 대화 자체가 안 됐다.

대학을 가지 않겠다는 우리 집만 그런 게 아니었다. 초등학교 때부터 한결같이 대학을 위해 달려가는 이웃집도 마찬가지였다. 좋은 대학만 가면 다 허용되는 프리패스. 고3 엄마들은 시험 때마다 자식 눈치 보느라 죄다 신경증 환자처럼 살았다. 어렸을 때부터 경쟁 구도 속에 내몰려 온갖 스트레스와 압박에 시달린 아이들은 예민해질 대로 예민해져 있지, 그러다 보니 가장 만만한 게 엄마가 아닌가. 그런 아들들이 말도 안 되는 궤변을 쏟아내도 어미들은 혹시 시험 망칠까 봐 말 한마디를 못 했다. 그때그때 해결해야 할 문제들을 모두 수능 날짜 뒤로 미뤄놓은 채 살았다.

대학에 들어간다고 끝나는 것도 아니다. 첫 직장. 다들 너무 풍요롭게 자라다 보니 아이들에게 만족할 만한 페이란 없다. 그들은 돈을 버는 목적부터 우리와 달랐다. 돈은 인생을 즐기기 위한 것이다. 일 년에 한두 번은 해외여행도 가야 하고, 가끔 오마카세를 먹으며 SNS에도 올려야 한다. 독립하고 싶어도 부동산이 너무 비싸니 자기 월급으로는 턱도 없다. 그냥 부모님 집에 눌러산다. 그러니 되레 자식이 불편한 엄마들이 돈을 벌러 나간다. 형태만 다를 뿐, 아들 모시고 사는 노모들의 나라가 반복된다. 정말 이상한 대물림이다.

    친구들이 대학 원서를 넣느라 혈안이 되어 있던 고3 겨울. 서빙만 하던 아들은 꼬치구이 집에서 주방 보조 알바를 겸하기 시작했다. 손이 빠르고 감이 좋은 아들은 한 달이 되기 전에 사장님 대신 새벽 마감을 쳤다. 한 달 만에 식당의 전 메뉴를 마스터했다. 집에서 라면 밖에 끓여본 적 없던 아들이 주방 실장이 되었다. 자기 친구들을 알바로 두고 혼자 저녁 주문을 커버했다. 일요일 빼고 매일 새벽 3시까지 일했다. 매달 대기업 초임 실수령액에 버금가는 금액이 통장에 들어왔다. 다른 집 아들들이 대학에 들어가 1년 동안 쓰는 등록금과 생활비를 되레 집으로 벌어왔다. 아들이 스스로 벌어 쓰게 되자 내 생활비 통장에도 잔액이 찍히기 시작했다. 늘 여유라곤 없었던 빡빡하던 생활에 숨통이 쓰였다. 전혀 생각지도 못한 전개였다!

    아들이 사춘기 때 방 안에서 나오지 않을 때. 이러다 아들이 우리에게 빌붙어 살까 봐, 우리처럼 열심히 살아도 이것밖에 못 사는데, 저러다 자기 밥벌이 하나 못하고 살게 될까 봐 걱정이 많았다. 아들이 나처럼 살게 될까 봐. 하지만 아들은 나와 달랐다. 열심히 살다 보면 돈이 저절로 좇아 올 거라고 생각하지 않았다. 돈을 사랑하고 돈을 좇았다.

그러니 정답이 아니어도 괜찮았다. 전망이니 가능성에 대해서도 미리 넘겨짚지 않으려 한다. 나이 오십에 왜 살아야 하는지 삶의 물음에 답 하나 할 줄 모르면서 내가 삶에 대해 뭘 그렇게 잘 안다고? 늘 그렇듯 가다 보면 그 길 끝에 그다음이 보일 것이다. 내 아들은 이제 겨우 스무 살일 뿐이 아닌가.

어른들은 자식보다 아는 게 많을지 몰라도, 자식은 늘 부모보다 똑똑하다. 그러니 아들은 부모인 나보다 잘 살 것이다. 애들은 원래 그렇다. 그걸 늘 우리 어른들만 모른다.

그릿, 장밋빛 자기 기만

혼돈도 삶의 일부라는 자기 인식

물고기 수집광 데이비스 스타 조던. 인생에서 비범할 정도로 성공적인 인생을 산 남자. 그는 나와 전혀 다른 사람이었다. 뚜렷한 목표와 비전을 가지고 경쟁에 최적화된 사람. 그는 시련이 와도 멈추는 법이 없었다. 아내 수전을 잃었을 때 낙담하는 대신 한층 업그레이드된 아내 제시를 다시 얻었다. 물고기 컬렉션이 무너지자 더 큰 규모의 컬렉션을 재구축했다. 자기에 대한 부정적 평가나 비판도 마법처럼 칭찬으로 뒤바꿔놓을 줄 알았다.

인생의 후반. 데이비드 스타 조던은 스탠퍼드 대학 학장에서 물러났다. 그리고 이번에는 물고기 대신 우생학에 꽂혔다. 우생학이 어떤 학문인가? 19세기 후반에

20세기 후반까지 인간을 우열로 나눠 열등한 인간의 생식은 거세하거나 우세한 품종으로 개량해야 한다고 주장한 유사과학이다.

그는 물고기를 가장 하등한 것에서 고등한 것으로 분류하던 버릇 그대로 인간을 분류했다. 그에게는 지능이 낮고 무능하고 도움이 되지 않는 사람, 즉 사회의 진보에 기여하지 않는 것처럼 보이는 사람은 모두 부적격한 인간이었다. 그는 '정신박약, 백치, 부랑아, 방탕한 여자들'을 한구석에 몰아넣고 '무능력, 비정상, 부적합'이라는 프레임으로 묶었다. 데이비드에게 그들은 사회의 질서를 교란하는 자들이며 이 사회가 통제해야 할 혼돈이었다. 그는 우생학 전도사가 되어 자신의 나머지 인생을 이들의 강제 불임화를 법제화하는 데 바쳤다.

기이한 것은 그가 다른 학자가 아닌 생물학자였다는 사실이다. 생물학자는 모두 다윈의 키즈다. 종의 다양성을 신념처럼 장착하고 산다는 말이다. 생물학자에게 생물을 가장 우월한 것에서 열등한 것으로 줄 세우는 것은 굉장히 기이한 발상이다. 생물을 사다리(우열)가 아닌 나무(다양성)로 설계한 진화 정신에 완전히 어긋난다. 위계? 자연의 세계에 위계가 어디 있나. 가장 뛰어난 것만 경쟁에서 살아남는 것도 아니다. 자연은 저마다 자신이 처한 환경에서 분투하고 적응하고 때론 변화하며, 그렇게 다양성을 꽃피우며 살아간다. 그런 생물학자가 생물의 다양성과 그 각각에 깃든 장엄함을 볼 줄 몰랐다. 그는 물고기 박사였는지 몰라도, 인간에 대해서는 아무것도 모르는 백치였다.

인생의 후반에는 자신이 가진 힘을 어디에 쓰는지가 중요하다. 내가 아는 한, 훌륭한 삶을 살았던 사람들은 인생의 말년에 모두 입을 모아 고백한다. 자신이 거둔 성공은 자기의 능력이 아니었다고. 자기 혼자였다면 결코 해내지 못했을 거라고. 자신의 성공 뒤에는 수많은 이들의 도움이 있었다고. 그들은 불확실한 세상에서 불완전한 인간이 거둔 성공은 언제나 다른 사람의 수고와 헌신을 전제한다는 걸 잘 알고 있었다. 그래서 우리는 말년에 모두 친절해진다. 자신이 미성숙하던 시절, 혹 자기가 잘난 줄 알고 행했던 어떤 오만함에 대해 우리는 이렇게 참회하는 것이다.

어린 시절 수집에 대한 데이비드의 목표는 상실을 위로로 바꾸어 주었다. 그를 찾아온 초반의 행운은 그로 하여금 자기 자신의 통제력에 대한 강한 확신을 심어 주었다. 그는 이름을 명명하며 전능함에 대한 달콤한 환상에 취했다. 하지만 질서에 대한 그의 강박적 믿음은 자신과 다른 것들을 모두 오류로 분류했다. 자기가 뭐라고 인간을 유용한 것과 무용한 것으로 나눴다. 그는 자기 손으로 혼돈을 통제할 수 있을 거라고 믿었다. 세상은 쓸모와 진보뿐 아니라 위로, 사랑, 그리고 서로의 존재처럼 훨씬 따듯한 것들이 함께 작동하는 곳이라는 걸 몰랐다. 희망에 대한 처방을 발견하고 싶었던 룰루 밀러가 데이비드 스타 조던에게서 발견한 건 '장밋빛 자기기만'이었다.

《물고기는 존재하지 않는다》의 8장 '기만에 대하여'에 의하면, 그릿(Grit, 목표를 향한 강력한 동기와 열정과 끈기를 가진)이라는 단어가 사람들 사이에서 유행하자 그들을 대상으로 한 여러 임상학자들의 실험과 이론들이 쏟아져 나왔다고 한다. 긍정의 힘은 찬양받았다. 자기 자신에 대해 과도하게 긍정하는 사람들은 좌절을 겪은 뒤에 재빨리 회복하고 자신을 더 잘 통제하며 과거의 자신이 실패한 것보다 성공한 것을 더 쉽게 기억해냈다.

하지만 20세기가 지나며 그릿의 유행이 한풀 꺾이자 일련의 연구자들 사이에서 그릿한 인간들에 대한 다른 연구 결과들이 보고되기 시작했다. 긍정적 착각과 이들의 과도한 자신감은 처음엔 문제를 신속하게 해결해내며 단기적으로 좋은 평판을 얻을지 몰라도, 장기적으로 볼 때 그들은 꼭 비용을 치르게 된다는 것이다. 가령 자신에게 통제력이 있다고 생각하는 아기 엄마일수록 아이가 울음을 그치지 않을 때 우울한 엄마들보다 더 막막함을 심하게 느끼는 것 같은, 긍정적 착각은 일시적으로 행복을 줄지 몰라도, 장기적으로 평온 지수를 급감시킨다는 것이다.

인생이 인과관계에 따라 늘 물 흐르듯 흘러만 간다면야 무슨 문제가 있을까. 하지만 다양한 사람이 서로 다른 생각을 주고받으며 살아가는 세상에서 질서 정연한 것에 대한 감각은 늘 우리를 배신한다. 진보와 번영? 인류의 문명은 예로부터 예측 불가능한 세상을 통제 가능한 상태로 만들기 위해 노력해왔다. 하지만 기실 세상은 그렇게 작동하지 않는다. 자연은 냉담하고 인간 세상은 기이하고 불합리하다. 아기는 탄생과 동시에 죽음을 향해 나아간다. 반짝이던 젊은이는 곧 빛바랜 노인이 되고 영원할 줄 알았던 사랑도 시간이 지나며 변한다. 잘 정돈해놓은 방은 하루가 가기 전에 지저분해진다. 희망에 부풀었던 첫 마음은 곧 현실의 벽에 부딪혀 좌절한다.

가능성으로 넘쳐나던 자식은 사춘기를 지나며 나와 닮은 보통의 어른이 된다. 열심히 노력해도 항상 그에 상응하는 보상이 주어지진 않는다. 심지어 안전하다고 생각했던 다리가 하루아침에 무너지고 배가 가라앉기도 하는 세상이다. 공정하고 정의롭게 작동하고 있는 줄 알았던 민주주의 이면에 불법과 비리와 가짜 뉴스가 만연하다. 지구 한 편에 뚱뚱해질까 봐 음식을 버리는 이들이, 다른 한편엔 기아로 굶어 죽는 이들이 공존한다. 이 세상 어디에 노력과 결실과 공정이 있나.

세상을 향한 정확한 인식을 가진 사람이라면, 우리가 사는 세상은 질서가 아니라 혼돈을 향해 나아가는 물리계라는 걸 부정하지 못할 것이다. 이 세상은 그리 살아볼 가치가 없는 곳이다. 매일 쏟아져 나오는 TV와 뉴스는 우리에게 그 사실을 증명하며 우리를 병적인 수준의 우울증에 빠지게 한다. 그럼에도 불구하고 도대체 우리는 왜 계속 이 세상에 자신을 던지며 나아가야 하나? 이 혼돈과 무의미한 삶에 어떤 희망의 처방이 가능할까? 13장 '데우스 엑스 마키나'에서 룰루 밀러는 이렇게 말한다.

"나는 좋은 것들이 기다리고 있다는 약속을 얻었다. 내가 그 좋은 것들을 누릴 자격이 있어서가 아니다. 내가 얻으려 노력했기 때문이 아니다. 파괴와 상실과 마찬가지로 좋은 것들 역시 혼돈의 일부이기 때문이다. 죽음 이면인 삶. 부패의 이면인 성장. 그 좋은 것들, 그 선물들, 내가 눈을 가늘게 뜨고 황량함을 노려보게 해주고, 그것을 더 명료히 보게 해준 요령을 절대 놓치지 않을 가장 좋은 방법은 자신이 보고 있는 것이 무엇인지 전혀 모른다는 사실을, 매 순간, 인정하는 것이다. 산사태처럼 닥쳐오는 혼돈 속에서 모든 대상을 호기심과 의심으로 검토하는 것이다."•

능력과 노력이 아니다. 파괴와 상실과 마찬가지로 좋은 것들 역시 혼돈의 일부라는 사실을 받아들여야 한다. 인생은 언제나 양면적이기에 정답이나 확신 따위는 필요 없었다. 어제까지 진리라고 알고 있는 것도 신의 조명 아래에서는 언제나 부분적인 진리일 수밖에 없지 않은가. 인간은 늘 질서 정연한 세계를 추구하지만, 인간은 또한 불완전하기 때문에, 이 세상에 혼돈은 불가피

• 룰루 밀러, 앞의 책, 264쪽.

하다. 그러니 우리는 그 사실을 인정하기만 하면 된다. 믿음을 버리고 무지를 인정하라. 매 순간 다가오는 혼돈 속에서 의심하며 질문하라.

혼돈을 삶의 일부로 알고 자신을 던지며 나아가라. 현실에 대한 정확한 자기 인식. 이것이 바로 데이비드의 질서 정연한 장밋빛 자기기만에 맞서 룰루 밀러가 우리에게 제안하고 있는 희망의 처방전이었다.

어느 날, 뜻밖의 작은 균열

가정주부 말고 나를 설명할 다른 이름이 갖고 싶었다

전업주부로 10년을 살고 난 뒤, 그러니까 학원 강사가 되기 전, 이름에 대한 갈망을 처음 내게 불어넣어 준 영화 한 편이 있다. 조금 촌스러운 제목의 영화 〈다시, 뜨겁게 사랑하라!〉다. 1대 제임스 본드를 맡았던 피어스 브로스넌이 필립이라는 이름의 멋진 중년으로 나오는 영화다. 여자 주인공은 우리에겐 조금 낯선 덴마크 배우 트린 디어홈. 유방암 수술로 한쪽 가슴을 잃은 중년의 여성 '이다' 역을 열연했다.

    딸의 결혼식을 며칠 앞둔 어느 날, 이다는 우연히 남편의 외도를 목격하는 바람에 남편과 따로 떨어져 결혼식이 열리는 이탈리아 작은 마을을 향해 출발하게 된다. 하지만 공항에서 주차를 하다가 사돈인 필립과 시비가 붙게 되고, 그때부터 둘 사이에 예기치 못한 사건들이 연이어 벌어지면서 점차 둘의 인연도 얽혀들게 된다는 내용이다.

줄거리는 뻔하다. 중년의 평범한 여자가 멋진 남자와 만나 로맨스를 이루는 그렇고 그런 러브 스토리. 하지만 이 영화의 백미는 따로 있다. 둘의 이야기가 펼쳐지는 이탈리아 남부의 풍광. 푸른 지중해를 배경으로 깎아지른 듯한 절벽 위에 수놓은 빨간 지붕의 여름 별장. 결혼식은 이 지붕들 중 하나인, 즉 아름다운 오렌지 농장 한가운데 고즈넉하게 안겨 있는 시골 저택에서 치러질 예정이다.

이 집의 매력은 햇빛에 오래 달궈진 옐로 오커빛 외관과 정원 쪽으로 활짝 열린 초록 덧창뿐이 아니다. 집과 연결된 돌계단을 따라 내려가다 보면 그곳엔 바다와 바로 연결된 근사한 해안 동굴이 숨어 있다. 앳된 얼굴을 한 신랑과 신부는 몇 주 전부터 미리 이곳에 내려와 손님 맞을 준비로 분주하다. 오랫동안 방치된 침구를 하얀 모슬린으로 바꾸고 결혼식에 쓰일 꽃과 음식과 와인을 주문한다. 결혼식 하객들은 신랑 신부와 같이 이 아름다운 시골 마을에서 며칠 지내며 결혼식을 함께 즐길 예정이다.

모든 장면이 하나같이 다 예뻤지만 그중에서도 하나를 꼽자면, 저택에 도착한 이다가 아무도 없는 한적한 바다에서 수영을 하는 장면이다. 영화 속에서 이다는 오로지 남편과 아이들을 위해서만 살아온 평범하기 그지없는 여자. 얼마 전까지 방사선 치료를 받은 탓인지 그녀 머리에 얹어진 가지런한 머리칼마저 자신의 것이 아니다. 하지만 그녀는 바다를 보자마자 몸에 걸친 옷과 머리의 가발을 훌훌 벗어 던진다. 그간 투병 생활에 종지부라도 찍으려는 듯 거침없이 바다로 뛰어든다. 중년의 민머리와 몸의 곡선은 투박했지만 당당했고, 그 모습 그대로 아름다웠다.

역시 다른 사람에겐 분명 아무것도 아닌 한 장면인데 내게 오래 남은 대사 하나를 소개한다. 이다와 필립이 이탈리아에 도착한 후 택시 안에서 자신의 직업에 대해 통성명하는 장면이다. 필립은 중요한 업무를 처리하느라 끊임없이 전화를 상대하고 있고, 바쁜 필립 옆에서 이다는 자신을 "그냥 재미없는 미용사예요"라고 소개한다. 하지만 이내 필립의 옆머리를 곁눈질하는가 싶더니

"위에 숱이 좀 없네요. 옆에도 좀 치셔야겠고"라고 말하는데, 그 장면이 뜬금없이 맘에 들었다. 그녀가 남편과 아이와 별개로 자신의 생계를 위해 할 줄 아는 일이 있고 자신의 일에 대해 자부심을 가지고 있다는 것. 그게 좋았다.

우리도 어떤 것이 나오면 나도 모르게 시선이 가는 순간이 있지 않던가. 살림엔 심드렁하다가도 누군가와 만나 어떤 주제로 대화를 나누다 보면 순간 나도 모르게 눈빛이 반짝이고 저절로 입이 열리는 것처럼. 그녀처럼 스스로에 대해 가정주부 말고 다른 단어로 설명할 수 있는 무언가를 갖고 싶었다.

회사를 그만두기 전. 남들 다 부러워할 만한 회사를 다니면서도 나는 늘 내 일이 1년만 배우면 누구라도 하는 일이라고 생각했다. 늘 대체 가능한 부품 같은 일이라고. 그러니 내가 그만두면 내 뒤에 줄을 선, 나보다 더 젊고 나보다 더 야무진 여자들이 금세 내 자리를 차지할 거라고. 그때 내 사표를 수리하시던 본부장님이 말씀하셨다. "1년 안에 맘 바뀌면 언제라도 돌아와. 자리 마련해줄 테니." 하지만 그때도 나는 주저 없이 그걸 빈말이라고 생각했다. 자신의 능력을 확신하지 못하고, 나의 성공과 지위를 언제 탄로 날지 모르는 행운으로 생각하는 많은 여자들처럼. 그것은 가부장 사회에서 길들여진 여자들이 흔히 갖는 낮은 자기 확신이기도 했고, 경쟁적인 대한민국의 냉정한 현실이기도 했다.

사회라는 톱니바퀴에서 떨어져 나와 전업주부로 10년을 넘게 보냈다. 그동안 내가 만나는 사람들은 모두 '아이'를 매개한 사람들. 아이의 선생님과 아이의 운동 코치와 아이와 같은 반 학부모와 또 비슷한 또래 아이를 키우는 동네 엄마들. 우리의 관심사는 모두 아이 양육과 교육에 대한 것이었고, 그 외에 서로의 직업이라거나 취미에 대해 궁금해할 필요도, 그럴 여유도 없었다.

아들 사춘기를 호되게 치르고 어느 날 나 혼자 거울 앞에 섰을 때. 나는 내가 누구인지 도무지 알 수 없었다. 여행을 하나 가더라도 모두 아이들 취향에 맞춰 갔다. 전시회나 뮤지컬도 모두 아이들 눈높이에 맞춘 것들이었다. 어쩜 10년이 넘는 긴 시간 동안 이렇게 오로지 하나만 보며 달려왔는지! 아이를 떼고 나자, 내겐 남은 것이 별로 없었다. 애들도 없는데 굳이 멀리까지 여행을 가야 하나 싶고, 이제 와서 나 좋으라고 비싼 뮤지컬 티

켓을 끊는 것도 사치스러웠다. 아이를 떼고 나니 내 인생을 설명할 이름이 없었다. 나는 무엇을 좋아하는지, 잘하는지, 하고 싶은지. 그리고 앞으로 할 수 있는지.

좋아하는 책을 읽고 쓰는 일을 하면서도 늘 사표를 가슴에 품고 살았던 나. 육아를 핑계로 집안에 들어앉고야 알았다. 내가 가장 좋아하고 가치 두는 일이 '책'을 매개로 한 일이었다는 걸. 하지만 이제 그것은 '돈'이 되지 않았으므로. 누군가 앞에서 당당해지려면 상당히 긴 변명이 필요했다. 책만 보면 눈길이 가고 몇 시간이고 눈빛을 빛내고 떠들어댈 수 있지만……. 뭐랄까, 늘 끝에 따라오는 무용하다는 감각을 떨쳐버릴 수가 없었다. 머릿속에서 흘러넘치는 생각을 써먹을 데가 없자, 앎이 삶에 적용되지 않는다는 괴리와 죄책감이 뒤따라왔다. 말이 좋아 '생각하는 사람'이지 '책만 읽는 바보' 같았다.

그때 홀연히 청소가 찾아왔다. 언니가 어느 날 청소하는 아줌마가 그만두게 되었다고 말했을 때. 평소 같으면 그냥 스쳐 지나갔을 그 말이 내 귀에 꽂혔다. 한 달에 100만 원만 더 있으면 좋겠다며? 그럼 하면 되지. 이게 뭐라고. 몸을 쓰는 일에 대해서라면 한 번도 해본 적 없지만. 아들도 하는 일이니, 어쩌면 나도 할 수 있지 않을까? 까짓것 이게 뭐라고! 그리고 두 달 만에 청소 아줌마가 일을 그만두었다는 연락을 받았다.

너, 그때 그 말 진심이야? 언니가 물어봤을 때. 의심의 여지가 없었다. 이다처럼 좋아하는 일을 하면서도 유용하면 더 좋겠지만. 인생이 언제 그렇게 딱딱 맞춰 흘러가기만 하던가. 좋은 것은 언제나 지나고 나서야 깨닫게 된다. 그 정도는 알 만한 나이가 되었으니, 이 정도면 사인이다!

해보지 뭐. 그게 뭐라고.

그렇게 어느 날 슬쩍 던진 말 한마디가 진심이 되었다. 나는 오래 누워 있던 자리를 다시 털고 일어났다. 청소 노동자 '송 여사님'이 되었다. 그때까지만 해도 이 작은 균열이 또다시 무엇을 가져다줄지 전혀 모른 채였다.

에필로그
이름이란 얼마나 좋은 위안인가!

바야흐로 여름이 저물어가는 시기. 호밀마다 이삭이 패고 바람이 불 때마다 서늘한 초록색 호밀이 가벼운 이삭을 흔들며 물결친다. 레빈은 풀베기 스승인 치트의 뒤를 따라 풀숲 한가운데로 들어섰다. 끝까지 버티지 못하면 어쩌지. 어떻게든 뒤처지지는 않고 싶다는 안간힘. 그는 묵묵히 낫을 들어 올린다. 쓱쓱, 낫이 풀에 부딪히는 소리. 치트의 곧은 등 뒤로 반달 모양으로 누운 풀숲이, 팔을 휘두를 때마다 낫 주위에서 물결치듯 기울어지는 풀과 풀송이들이 보인다. 어느새 등이 축축해져 오고 얼굴을 타고 땀이 똑똑 방울져 흘러내린다. 더 이상은 못 버틸 것 같다고, 잠시 쉬자는 말을 하려는 찰나. 치트가 허리를 펴고 낫을 갈기 시작한다. 이것을 신호로 수십 명의 일꾼들이 동시에 공중에 휘두르던 낫을 멈추고 치트를 따라 낫을 갈기 시작한다. 안도의 한숨. 이윽고 다시 시작되는 풀베기. 노인의 비틀린 다리가 일정한 보폭으로 성큼성큼 움직이면서, 마치 손장난이라도 하듯 길고 고른 풀들을 베어나갔다. 정확히 말하자면, 그가 아니라 한 자루의 예리한 낫이 혼자서 저절로 싱싱한 풀을 베고 있는 것 같았다. 그들이 긴 줄과 짧은 줄, 좋은 풀과 나쁜 풀 사이를 누비고 지나가는 동안 레빈은 시간에 대한 감각을 완전히 상실했다. 아무 생각이 들지 않는 그런 무의식과 망각의 순간은 점점 더 빈번하게 레빈을 찾아왔다. 어느덧 레빈의 손에 들려있던 낫도 저 혼자 풀을 베기 시작했다. 행복했다.*

청소를 시작한 지 만 1년이 되어 간다. 병원 뒷문을 통해 세탁실에 들어서면 제일 먼저 하는 것이 앞치마와 슬리퍼로 갈아입는 일. 자, 그럼 이제 시작해볼까. 건조기에서 전날 돌려놓고 간 빨래를 꺼내 와 종류대로

* 레프 톨스토이, 《안나 카레니나 2》, 박형규 옮김, 민음사, 2009, 18~41쪽, 레빈의 풀베기 인상과 노동 요법 중에서 요약 발췌.

분류한 후 각각 정해진 장소에 채워 넣는다. 그사이 간호사들이 세탁기에 돌려놓고 간 수건이 완료되면 빈 건조기로 옮겨놓는다. 빨래 정리가 끝나면 본격적인 청소 시작.

진료실과 처치실과 물리치료실에서 하루 종일 꽉꽉 채워진 휴지통 12개를 비우고 새 비닐로 갈아 넣기. 휴지가 목구멍까지 가득 찬 날은 장사가 잘된 날이다. 환자들에겐 죄송하지만 내 일처럼 흐뭇하다. 병원이여 영원하라! 세탁실로 가져온 휴지는 재활용을 분리한 뒤 종량제에 투과. 이제부터는 그날 기분에 따라 순서가 조금씩 달라지는데, 대개 진공청소기로 병원 바닥 밀기, 책상과 침상과 의료기기 훔치기, 대걸레로 바닥 닦기 순서로 진행된다.

몸이 레빈처럼 그 모든 것을 무의식중에 수행하는 동안, 귀는 오디오북을 읽거나 유튜브 채널에 꽂혀 있다. 처음 일을 시작한 주에 계엄을 선포했던 대통령이 그사이 감옥에 들어갔다. 그의 이름을 언급하는 것만으로도 볼드모트의 어두운 기운과 피로감을 저절로 떠올리게 했던 독재자. 그를 보며 우매한 것이 왜 사악한 것보다 위험한지 깨달았다.* 그가 내란 혐의로 체포 및 구속을 반복하다가 헌법재판소에서 탄핵 심판되었을 때. 대통령이라는 자리가 국민으로부터 위임받은 선출된 권력이라는 말을 실감했다. 조기 대선으로 새 정부가 수립되었을 때. 그간 레거시 언론이 만들어내던 쓰레기 같은 뉴스와 그 괴물들에 맞서 진실을 파헤치던 소수의 언론인들에게 우리가 많은 빚을 지며 살고 있었다는 걸 알았다. 새 대통령이 거침없이 부동산과 검찰개혁을 진두지휘할 때. 이건 할 수 없었던 것이 아니라 이전 정권들이 자신이 해야 할 일을 방기하고 있었다는 걸 알았다. 내가 뽑은 대통령이 국민을 만나고 국정을 운영하고 해외 순방을 가는 것을 지켜보며 정치가 이렇게 재미있는 일이라는 걸 알았다. 부끄럽지만 몇 년 전까지만 해도 나는 국회의원이 법을 만들고 고치는 일을 하는 사람이라는 것도 몰랐다. 정치에 대해 아무 관심이 없었다. 이 모든 게 감옥에 있는 독재자 덕분이다. 그가 이렇게까지

- 디트리히 본회퍼,《옥중서신 — 저항과 복종》, 김순현 옮김, 복있는사람, 2016. 우매함은 선의 적으로서 사악함보다 훨씬 위험하다. 우리는 악에 맞서 항거할 수도 있고, 악을 웃음거리로 만들 수도 있으며, 부득이한 경우에는 힘으로 저지할 수도 있다. 악은 자멸의 싹을 지니고 있다. 최소한 사람 속에 불쾌감을 남기기 때문이다. 그러나 우매함에는 백약이 무효다. 우매함에는 저항도 힘도 소용이 없고, 기본 지식도 쓸모가 없다. 우매한 자는 제 선입견에 어긋나는 사실들을 곧이곧대로 믿지 않는다.

엉망진창이 아니었으면 나는 여전히 정치적으로 어중간한 회색층으로 남아 있었을 것이다.

그사이 아들이 소비 일꾼에서 생산 일꾼이 되었다. 아들이 스스로 벌어 쓰게 되자 내가 청소하며 버는 아르바이트비가 고스란히 통장에 쌓였다. 생활에 여유가 생기자 누군가 만나는 일이 다시 즐거워지기 시작했다. 부모님과 조카에게 용돈을 보내주고, 북 콘서트 티켓을 VIP로 끊고, 10만 원이 넘는 벽돌책을 구입했다. 내가 오랫동안 기분을 낸다는 게 뭔지 모르고 살았다는 걸 알았다. 말라붙어 있던 봇물이 차오르자 둑 너머로 흘러넘쳤다. 주식을 시작한 지 딱 2년이 되던 날, 내게 주식을 권했던 친구에게서 전화가 왔다. 내가 그때 너한테 뭐라 그랬니, 내가 원금 보장해준다고 했지? 친구는 현재 손실 금액을 물어보더니 원금에 이자까지 쳐서 보내주었다. 주변의 그 누구도, 그래서 나 또한 전혀 받을 수 없을 거라고 자책하고 있던 돈이었다. 모두 돈 돈 하는 자본주의 세상에 돈보다 신의를 중요하게 생각하는 이런 희귀 종족들이 여전히 살고 있다.

아들과 내가 블루칼라가 되자, 사적 영역에 머물러 있던 교육에 대한 관심이 공적 영역으로 확대되었다. 왜 우리가 공교육은커녕 사교육에도 적응하지 못하고 낙오하게 되었는지 설명이 필요했는데, 이미 많은 이들이 여러 해 전부터 열변을 토하고 있었다. '경쟁-능력주의-공정 이데올로기'를 내세운 야만 교육, 그것이 문제였다. 이미 기울어진 운동장 위에서는 아무리 공정을 외쳐봐야 불평등과 차별을 더 심화시킬 뿐이며, 유치원부터 대학까지 전면적인 교육 개혁 없이 고교학점제 따위 백날 수정해 봐야 아무 소용 없다는 것도 알았다.• 화이트칼라와 블루칼라 간 임금체계에 대해서도 처음으로 관심을 가지게 되었다. 남녀 간 임금 격차가 있어서는 안 된다면 정신노동과 육체노동 간 임금 격차도 그저 관행과 선입견일 뿐이 아닐까. 이토록 공부하기 싫어하는 아이들이 많은 나라에서 이토록 많은 대학 졸업자를 배출해야 할 이유가 뭔가. 고학력자에 대한 프리미엄도 역시 교육이 달라져야 바뀌리라는 것. 그래서 나는 이제 블루칼라가 된 아들을 위해서라도 기회가 된다면 이 불

• 김누리,《경쟁 교육은 야만이다》, 해냄, 2024.

합리한 구조를 깨기 위한 열혈 투사가 되기로 혼자 결심한다.

다들 지나친 생각이라고 하겠지만, 이 말도 꼭 해야겠다. 자본주의 세상에 흙수저로 태어난 아들에게 내내 미안함이 많았다. 남들처럼 부동산과 돈에 관심이 없으면 중심이라도 단단하던가. 돈에 대한 갈망이 없으면 철학이라도 있던가. 나는 매사 어정쩡하고 미성숙한 어른이었다. 예민한 기질의 너에겐 자유보다 적당한 규제가 훨씬 더 안정감을 주었을 텐데, 그 사실을 너무 뒤늦게 알았다. 세상은 이렇게 불안으로 요동치고 자유는 마침내게 익숙한 가치였기에, 자유라는 이름으로 너에게 일찌감치 너무 많은 결정을 떠넘겼다. 아무리 좋은 가치라도 균형이 필요한 법인데. 권위는 내 안에도 제대로 자라지 못한 것이어서 너에게 적당하게 줄 수 없었다. 그 숱한 시행착오와 또 그것이 야기한 죄책감이 너의 불안을 가중시킨 건 아닌지. 한동안 나의 족쇄가 되었다. 하지만 이제 그러지 않으려 한다. 인생은 언제나 양면이라, 좋은 게 다 좋지 않고 나쁜 것이 늘 나쁘게 끝나지 않는다는 걸 깨달았으니까. 널 지켜보며 알게 되었다. 그러니 이제 미안해하는 대신, 존 스튜어트 밀의 다음과 같은 멋진 말로 대신하려고 한다. "스스로 설계한 삶은 그 자체로 가장 뛰어나서가 아니라 그 자신의 방식이기 때문에 그에게 가장 적합하다."•

자유는 늘 불안과 가능성을 전제로 한 것이기에. 내게 너에게 준 것은 또 다른 가능성이기도 했다고. 자유에 대한 가치 덕분에 너와 나 자주 요동치기는 했지만, 또한 자유에 대한 가치 덕분에 너와 나는 그동안 각자 우리에게 가장 적합한 삶을 방식을 설계할 수 있었던 거라고. 우리가 지난 몇 년간 시행착오를 반복하며 길 위에 남긴 것은 너와 나, 세계에 대한 이해였으니. 앎은 언제나 가장 깊은 사랑이기에 그 시간 동안 우리 서로 열심히 사랑한 거라고. 오늘은 그 말을 꼭 너에게 전하고 싶다.

마지막으로, 이 작은 변화에 대해 처음 브런치에 글을 올리기 시작했을 때만 해도 나는 이것이 무엇을 가져다줄지 몰랐다. 우울과 활기 사이에서 평소처럼 넋두리하듯 글을 올렸다. 대여섯 편 정도 쓰고 나자 여느 때처

• 존 스튜어트 밀,《자유론》, 박문재 옮김, 현대지성, 2018.

럼 다시 심연이 찾아왔다. 아들 좋은 대학에 보낸 것도 아니고 드라마틱하게 변신한 후반전도 아닌 이 보잘것없는 이야기가 뭐라고, 나는 또 이렇게 노트북 앞에 앉아 꾸역꾸역 쓰고 있나. 나는 평생 이런 노래밖에는 부르지 못할 거라고, 이제 나는 그것이 조금도 슬프지 않다고* 담대한 척 고백해놓고 다시 바닥에 몸을 말고 누워 있었다. 그러던 어느 날, 홀연히 휴대폰이 울렸다.

브런치스토리를 통하여 작가님께 새로운 제안이 도착했습니다.

"안녕하세요? 저는 ○○ 출판사 ○○○입니다. 작가님의 글을 우연히 읽게 되었는데 재밌게 잘 읽었습니다. 다름이 아니라,《나이 오십에 청소노동자》로 단행본을 출간하면 좋겠다는 생각입니다. 자세한 얘기는 메일이나 전화로 한번 말씀 나누고 싶은데요. 연락 부탁드립니다!"

몇 년 전 처음 글을 쓰기 시작했을 때. 열심히 쓰다

---

* 안희연, 〈나는 평생 이런 노래 밖에는 부르지 못할 거야〉,《여름 언덕에서 배운 것》, 창비, 2020.

보면 미래에 언젠가 혹 내게도 가능하지 않을까 상상만 했던 그 일이 정말 내게도 찾아왔다. 한동안은 이 행운이 여전히 내게 정당한 것인지 또 집요하게 물으며 궁상을 떨겠지만. 지금은 그저 이 얼떨떨한 행운에 조금 취하고 싶다.

나도 이제 이름을 갖게 되었다.
작가 송은주.
이름이란 정말 좋은 위안이다.

이 책에 나온 책들

이현, 《호수의 일》, 창비, 2022.
버지니아 울프, 《자기만의 방》, 이미애 옮김, 민음사, 2006.
리베카 솔닛, 《해방자 신데렐라》, 아서 래컴 그림, 홍한별 옮김, 반비 출판사, 2021.
룰루 밀러, 《물고기는 존재하지 않는다》, 정지인 옮김, 곰출판, 2021.
존 윌리엄스, 《스토너》, 김승욱 옮김, 알에이치코리아, 2015.
카트리네 마르살, 《잠깐 애덤 스미스 씨, 저녁은 누가 차려줬어요?》, 김희정 옮김, 부키, 2017.
김현, 《한국 문학의 위상》, 문학과지성사, 1996.
고병권, 《생각한다는 것》, 너머학교, 2010.
진 웹스터, 《키다리 아저씨》, 공경희 옮김, 비룡소, 2004.
프랑수아즈 사강, 《브람스를 좋아하세요...》, 김남주 옮김, 민음사, 2008.
프랑수아즈 사강, 《슬픔이여, 안녕》, 김남주 옮김, 아르테, 2019.
하퍼 리, 《앵무새 죽이기》, 김욱동 옮김, 열린책들, 2015.
크리스티앙 보뱅, 《작은 파티 드레스》, 이창실 옮김, 1984Books, 2021.
리처드 도킨스, 《이기적 유전자》, 홍영남, 이상임 옮김, 을유문화사, 2018.
권정생 글, 정승각 그림, 《강아지똥》, 길벗어린이, 1996.
알로나 프랑켈, 《똥이 풍덩!》, 김세희 옮김, 비룡소, 2001.

팀 켈러, 《팀 켈러의 내가 만든 신》, 윤종석 옮김, 두란노, 2017.
밀란 쿤데라, 《참을 수 없는 존재의 가벼움》, 이재룡 옮김, 민음사, 2009.
메리 셸리, 《프랑켄슈타인》, 김선형 옮김, 문학동네, 2012.
제임스 홀리스, 《남자로 산다는 것》, 김현철 옮김, 더퀘스트, 2019.
정문정, 《무례한 사람에게 웃으며 대처하는 법》, 가나출판사, 2018.
앤드루 솔로몬, 《한낮의 우울》, 민승남 옮김, 민음사, 2004.
수 클리볼드, 《나는 가해자의 엄마입니다》, 홍한별 옮김, 반비, 2016.
에마 미첼, 《야생의 위로》, 신소희 옮김, 심심, 2020.
앨릭스 코브, 《우울할 땐 뇌 과학》, 정지인 옮김, 심심, 2018.
르네 지라르, 《폭력과 성스러움》, 김진식·박무호 옮김, 민음사, 1997.
아리스토텔레스, 《시학》, 이상섭 옮김, 문학과지성사, 2005.
양귀자, 《모순》, 쓰다, 2013.
장덕환, 《C. G. 융과 기독교》, 새물결플러스, 2019.
마이클 이스터, 《편안함의 습격》, 김원진 옮김, 수오서재, 2025.
로렌스 형제, 《하나님의 임재 연습》, 윤종석 옮김, 두란노, 2018.
달라스 윌라드, 《하나님의 모략》, 복있는사람, 2015.
귀스타브 플로베르, 《마담 보바리》, 김화영 옮김, 민음사, 2000.
표도르 도스토옙스키, 《카라마조프가의 형제들》, 김연경 옮김, 민음사, 2007.
레프 톨스토이, 《안나 카레니나》, 박형규 옮김, 민음사, 2009.
디트리히 본회퍼, 《옥중서신 — 저항과 복종》, 김순현 옮김, 복있는사람, 2016.
김누리, 《경쟁 교육은 야만이다》, 해냄, 2024.
존 스튜어트 밀, 《자유론》, 박문재 옮김, 현대지성, 2018.
안희연, 《여름 언덕에서 배운 것》, 창비, 2020.

나이 오십에 청소 노동자

중년의 불안을 쓸고 닦는 법

1판 1쇄 발행 2025년 12월 31일 지은이 송은주
1판 2쇄 발행 2026년 1월 20일

펴낸이 김진규
책임편집 김하늬
디자인 손주영
경영지원 정동윤

펴낸곳 (주)시프 | 출판등록 2021년 2월 15일(제2021-000035호)
주소 경기도 고양시 덕양구 권율대로668 티오피클래식 209-2호
전화 070-7576-1412
팩스 0303-3448-3388
이메일 seepbooks@naver.com

ISBN 979-11-92421-52-0 03810

- 이 책은 저작권법에 따라 보호를 받는 저작물이므로 무단 전재와 무단 복제를 금합니다.
- 이 책의 전부 또는 일부를 이용하려면 반드시 저자와 ㈜시프의 동의를 받아야 합니다.